Read and Think Russian

An Intermediate Reader

Book Two: Social Life and Culture

By: Basil Bessonoff

Alexandria, VA
2018

By: Basil BessonoffBasil, Bessonoff (Ph.D.)
Read and Think Russian: An Intermediate Reader, Book Two: Social Life and Culture
Culmen International, LLC 2018
ISBN: 978-0-692-15252-2

Read and Think Russian is an intermediate level textbook primarily targeted at improving students' reading comprehension skills in the Russian language. However, the course is intended for all students seeking to reach an advanced level of Russian in all modalities (speaking, reading, writing, and listening) according to the American Council on the Teaching of Foreign Languages (ACTFL) scale. This book is designed to bridge the gap between language teaching methodologies used in Russia and English-speaking countries, thus facilitating the preparation for study and work abroad. It is suited for use in higher-level undergraduate courses, graduate courses and continuing education for those professionally or academically involved in Eurasian studies.

Consisting of four chapters, Book II contains authentic, contemporary reading segments full of practical knowledge about Russian Social Life. Crime and Terrorism, Religion and Culture. Each chapter includes helpful graphics as well as concise vocabulary to assist the student in determining the main ideas, while also presenting grammatical reminders, translation exercises and questions to facilitate topical discussions.

At the conclusion of Book II (Book III is forthcoming), students are expected to have progressed to the advanced-mid level based on the ACTFL scale.

Publisher: *Culmen International, LLC*

Project Manager & Copy Editor: *Culmen International, LLC*

Cultural Advisor: *Natalie V. Krylova, Ph.D., University of Minnesota-Twin Cities-PBS*

Contributing Editor: *Jonathan Scolare, American University*

Cover Design: *Jonathan Scolare*

Layout Design: *Tatiana Ialovaia*

Audio Supplement: *Basil Bessonoff, Merit Schumacher*

Printed in the United States of America.
Culmen International, LLC
https://www.culmen.com/read-and-think-russian
ReadandThinkRussian@culmen.com

Acknowledgements

I would like to acknowledge the following electronic resources that were used for the photos and reading segments:

Russian Wikipedia

BBC Russia World Service

Argumenty I Fakty (Аргументы и Факты)

Izvestia (Известия)

Nezavisimaya Gazeta (Независимая Газета)

Novaya Gazeta (Новая Газета)

Snob (Сноб)

Many thanks to my colleagues and students for their valuable feedback and suggestions.

TABLE OF CONTENTS

CULMEN
INTERNATIONAL, LLC

CULMEN
INTERNATIONAL, LLC

CULMEN
INTERNATIONAL, LLC

PUBLISHER'S LETTER

We are happy to present the second book in the *Read and Think Russian* series. This book is designed to add depth to the student's knowledge of Russian language by focusing on Russian social life and culture. We hope you enjoy the learning experience presented in the following pages.

Regardless of where one falls on the political spectrum, it is undeniable that Russia is an active and versatile actor on the world stage. Interest in the Russian language has increased over the past several years, rocketing back to near-Cold War levels. Thanks to Russia hosting the Olympics and the World Cup in 2014 and 2018, respectively, as well as its political and military activities around the world, a newfound interest in Russian and Eurasian studies has taken root. Yet while most attention has been on Russia's actions in different regions around the world, such as the Middle East and East Asia, it is also a major player in Eurasia and among the former Soviet republics. This textbook presents an informational, neutral view on issues facing this latter group such as terrorist activities within Russia and migration to Russia.

There is a shortage of material available, especially for students at the intermediate level, in language instruction in area and language analysis. This textbook seeks to provide useful tools for those interested in further study and practical knowledge of the political elements within Russia. It seeks to add to what students have learned in this books predecessor Read and Think Russian: Politics and Governance, particularly in grammar and thematic lexicon. We hope to be a catalyst for critical thinking and discussion to those interested in socio-political aspects of Russia. Those interested in such topics will find the vocabulary in this book useful, as it is not taught in other courses. We desire to innovate on current language instruction and provide a stepping-stone for those who desire to delve into the advanced study of the Russian language.

Read and Think Russian is the concept and work of Dr. Basil Bessonoff, the author of Book I of this series in addition to co-author of the U.S. edition of Road to Russia, a textbook for beginners. He is a fellow of the Chartered Institute of Linguists (United Kingdom).

This textbook is designed to bridge the gap between the language instruction and methodology used in English-speaking countries and those found in Russian schools and colleges – a system known as "analytical reading." This book contains detailed, contemporary passages on a variety of practical topics, such as migration, emigration, religion, and Russian culture, facilitating the transition to work and study abroad.

First and foremost, this book is focused on reading comprehension. Students will be able to learn topical, practical information about Russia while simultaneously bolstering their vocabulary with key words and phrases. Second, this textbook provides a balanced approach to other language skills such as writing, listening,

and speaking. Translation exercises at the end of each chapter as well as discussion questions after each text foster conversation and reiterate essential information from the topical passages. The book reinforces the areas in which English-speaking students frequently struggle, such as numerical declension and participles.

This book should provide a solid foundation and a degree of cultural as well as sociopolitical literacy for continued Russian studies while facilitating a more rapid progression towards an advanced level of proficiency.

We hope you enjoy the teaching of Dr. Bessonoff throughout *Read and Think Russian Book Two*. We love to receive feedback from students, please share your experience with us at ReadandThinkRussian@culmen.com.

Daniel V. Berkon
Publisher and CEO
Culmen International, LLC

Operating in over 85 countries on six continents (including the regions of Eastern and Western Europe, the former Soviet Union, the Middle East, Southeast Asia, Africa, and Latin America), Culmen International implements culture and language programs worldwide in addition to specialized services for U.S. government agencies. Culmen's cultural and language services include interpretation, translation, language instruction, cultural awareness and immersion training.

Learn more: www.culmen.com

AUTHOR'S FORWARD

Read and Think Russian is an intermediate-level textbook with the goal of bringing students' proficiency to the advanced-mid level upon completion of Book II. Both this book and its predecessor, Book I, can be used in a standard one year course or in an intensive, accelerated format.

Book II consists of four thematic chapters:

- Immigration to Russia and Emigration from Russia;
- Crime and Terrorism in Russia;
- Religion in Russia; and
- Culture

Although the focus of the textbook is on reading comprehension, other aspects of language skills such as speaking, listening and writing are presented in a balanced fashion to meet the needs of students who wish to reach an advanced level of proficiency in all modalities according to The American Council on the Teaching of Foreign Languages (ACTFL) scale.

Each chapter is subdivided into several thematically related sections, each containing a short segment from contemporary Russian media. Essential vocabulary is located on the margins, enabling students to scan for the main ideas presented in the section. The vocabulary sections activate and expand lexical items related to the topic with emphasis on the word formation, thus increasing students' active and passive vocabulary. Grammar and lexical sections focus mostly on problematic areas for the learners, such as case government, verbs of motion, numerals, verbal adverbs and participles. Gradually, the texts increase in length and difficulty. Some chapters contain segments inviting students to express their own opinions on debatable topics, including those of national and international interest. Numerous illustrations throughout the textbook provide ample opportunity for verbal narratives and a descriptive discourse. Each chapter ends with a written translation assignment to test the students' grasp of the key lexical and grammatical points from the entire unit.

The companion website contains audio files aimed at improving learners' listening comprehension and pronunciation, as well as the ability to summarize the main ideas of the audio segments on a variety of topics.

Chapter I gives an overview of the fundamental changes which occurred in Russian social life in recent years. It provides a brief history of Russian political and economic emigration to the US and other counties.

Chapter II presents students with the topics relating to crime and terrorism in the contemporary Russian Federation.

The subsections are divided into how immigration affects crime statistics, which are then used to foster anti-immigrant sentimentalities. It looks at quantitative data explaining how Russian citizens view immigrants and how crime has increased since the rise of immigrants coming to Russia. Students will end the chapter by answering open ended questions regarding their own thoughts about immigration.

Chapter III gives a brief overview of religion in Russia. It opens with a section on how Orthodox Christianity played a defining role in Russian history. It then looks at Islam in contemporary Russia. This chapter will allow students to gain a better understanding of how religion has influenced Russian culture and how it is still prevalent today.

Chapter IV concludes the book with a showcase of Russian culture seen in performance and studio arts as well as visual and print media. It begins with an article about the work of the Boris Eifman Ballet Theatre and the famous choreographer under whose name it operates. The chapter then proceeds with an overview of the Russian Avant-garde artist Dima (a.k.a. Rakitin). It then moves into a summary of which literature genres are popular in Russia today before concluding with an example of Russo-U.S. cultural connections: Robin Hessman's film "My Perestroika". This chapter will give students a wide array of to see contemporary Russian culture as well as cultural bridges between the U.S. and Russia.

The very final part of the textbook is The Epilogue summarizing Russia's accomplishments and failures in the 21 century giving an ample opportunity for a discussion on the subject.

Read and Think Russian, similar to its predecessor *Road to Russia*, was designed to bridge the gap between the language teaching methodology used in the English-speaking countries and those existing in Russian schools and colleges, commonly known as "аналитическое чтение" or "analytical reading."

The textbook should facilitate the academic and cultural transition for North American students (both heritage speakers and traditional learners) going to Russia to continue their study whatever their goals for learning Russian may be. This textbook should help the reader build a solid foundation for more rapid progression towards and advanced level of proficiency.

Basil Bessonoff, Ph.D.
Author
ReadandThinkRussian@culmen.com

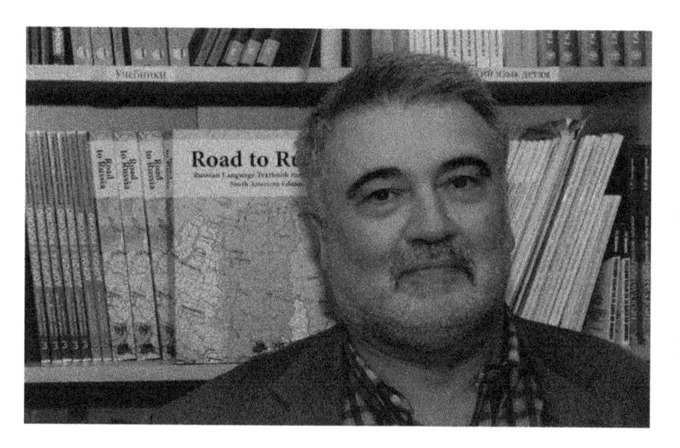

Professor Basil Bessonoff holds advanced degrees in applied linguistics from the Universities of London and St. Petersburg. He is also a fellow of the Chartered Institute of Linguists and the Academic Director of its examination center in Washington, D.C. Since 1994, Professor Bessonoff has taught courses at numerous universities and government agencies. He also acted as the Academic Advisor for the North American edition of the *Ruslan Russian I* textbook (2003) and coauthored and edited the U.S. edition of the *Road to Russia* textbook for beginners (2013). The first of his three-part series *Read and Think Russian* was published in 2018.

ГЛАВА 1. СОЦИАЛЬНАЯ ЖИЗНЬ

ТЕМА 1. ЧТО ИЗМЕНИЛОСЬ В ЖИЗНИ РОССИЯН ЗА ПОСЛЕДНИЕ ГОДЫ?

ГУМ – самый дорогой магазин в Москве

Если посмотреть на витрины[1] магазинов, на туристов, толпами[2] едущих[3] в Турцию и Египет, если послушать российское радио или почитать газеты, которые (несмотря на[4] все разговоры о цензуре[5]) критикуют самые высокие авторитеты[6], то может создаться впечатление[7], что советская власть[8] осталась где-то далеко.

Да, для узкой[9] группы людей, сделавших[10] крупные и средние состояния[11], и политическая, и бытовая[12] жизнь заметно[13] изменилась. Они реально участвуют[14] в политике, реально пожинают плоды[15] богатства и личной свободы. Но чем дальше отъезжаешь[15] от Кремля и Белого дома, тем яснее[16] становится, что основы[17] народной жизни мало изменились.

Капиталистическая власть так же далека от народа, как и власть коммунистическая. Социологические опросы[18] показывают, что большая часть населения (84%) считает, что оно не может влиять на[19] политику и на власть. Коррупционные схемы дают возможность состоятельным[20] людям решать свои юридические[21], бытовые и медицинские проблемы при помощи денег, а не гражданских[22] процедур[23].

1. shop windows
2. in large quantities
3. traveling to
4. despite
5. censorship
6. authorities
7. impression
8. Soviet power
9. narrow
10. who have made
11. fortunes
12. daily
13. significantly
14. participate
15. reap the fruit
16. clearer
17. fundamentals
18. surveys
19. to influence
20. well off
21. judicial
22. civil
23. procedures

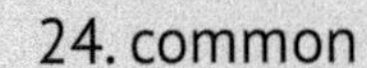

Но простые[24] люди всё так же ездят в душных[25] электричках[26], так же ждут на остановках редкий автобус, так же получают скудную[27] зарплату. Чтобы накопить[28] на квартиру по капиталистической цене, большинству нужно экономить всю жизнь.

В России был и остаётся приоритет государства над обществом. Россияне уже не верят ни в депутатов, ни в городскую власть, ни в прокуратуру[29]. По мнению журналистов, средний[30] россиянин патриотичен, но прагматичен, он не любит Запад, но хочет жить, как на Западе, он на словах не любит индивидуализм, но на деле не хочет участвовать в общественной жизни. Он научился зарабатывать деньги, но не очень уверен в том, что его семья будет обеспечена[31] в будущем. Наконец, он любит твердую власть[32], но, как правило, когда она тверда к другим, а не к нему.

24. common
25. stuffy
26. commuter train
27. meager
28. to save
29. law enforcement
30. average
31. will be provided for
32. strict

Русские туристы в Египте

Белый дом в Москве

Кремль

Лексика и грамматика

витрина (n.) – shop window

толпа (n.) – crowd

толпами – in crowds (instrumental plural of **толпа**)

едущих – traveling (present active participle of **ехать**)

Турция (n.) – Turkey

турецкий/-ая/-ое/-ие (adj.) – Turkish

турок (n.) – a male Turk

турчанка (n.) – a female Turk

турки (n., pl.) – Turks

несмотря на + acc. (exp.) – despite, in spite of

e.g. *несмотря на погоду* – in spite of the weather

независимо от + gen. (exp.) – regardless

e.g. *независимо от погоды* – regardless of the weather

цензура (n.) – censorship

цензор (n.) – a censor

критиковать (imp. v.) – to criticize

Remember! *Я критикую, ты критикуешь*, etc.

авторитет (n.) – authority

пользоваться авторитетом (exp.) – to be popular, to have a good reputation

e.g. *Он пользуется авторитетом среди сотрудников.*
He is popular among his coworkers.

создавать(-ся)/создать(-ся) – to create (to be created)

впечатление (n.) – impression

власть (n. f.) – power

где-то (exp.) – somewhere

Present active participle formation

1. Conjugate verb into **они** form

Они едут

2. Delete **-т**

3. Add appropriate ending

еду+щий/щая/щее/щие

Decline them as adjectives

N.	*едущие*
Dat.	*едущим*
G.	*едущих*
Inst.	*едущими*
Acc.	*едущих*
Prep.	*едущих*

узкий (adj.) – narrow

сделавших (Past Active Participle of **сделать**) – those who made

NOTE: Past Active Participles do not exist in English

Conjugations of «-авать/-овать» verbs

Verbs containing **-ав/-ов** in the infinitive often lose them in the present and future tense conjugations:

Present Tense	Future Tense
Я создаю	*Я создам*
Они создают	*Они создадут*

Reflexive endings **-ся/-сь** are used to form a passive voice construction

e.g. *может создаться* – may be created

крупный (adj.) – big, huge

средний (adj.) – average, midsize

состояние (n.) – a (financial) fortune

состоятельный (adj.) – well to do, prosperous

"Change" related verbs

The "change" related verbs (e.g. **изменять/изменить** + acc.) mean to change in the sense of becoming different

e.g. *Он изменил свою жизнь* – He changed his life

изменение (n.) – a change

HOWEVER **изменять/изменить** + dat. – to cheat/to betray

e.g. *Он изменил жене* – He cheated on his wife

измена (n.) – cheating/betrayal

обменивать/обменять, **менять/поменять** – to exchange (money, etc).

e.g. *Он обменял доллары на рубли* – He exchanged dollars for rubles

обмен (n.) – an exchange

заменять/заменить (v.) – to replace

замена (n.) – replacement

бытовая жизнь (exp.) – everyday life, daily routine

заметно (adv.) – noticeably

замечать/заметить (v.) – to notice

участвовать (v., imp) – to participate

пожинать плоды (exp.) – to reap the fruit

богатство (n.) – wealth

бедность (n., f.) – poverty

личный (adj.) – personal

дальше (adv.) – further (irregular comparative of **далеко**)

отъезжать/отъехать (v.) – to drive away

яснее (adv.) – clearer (comparative of **ясный**)

Reminder

«**чем** + comparative + verb, **тем** + comparative + verb» translates as "Comparative + verb, comparative + verb"

e.g. *Чем больше мы читаем, тем больше мы знаем* – The more we read, the more we know

становиться/стать (v.) – to become

основа (n.) – foundation

народный (adj.) – people's (adjectival derivative of **народ**)

такой/-ая/-ое/-ие же как (exp.) – same as

далека – distant (short form of **далёкая**)

далёкий/далёк (male adj.)

далёкие/далеки (adj., pl., with an accent on **и**)

Reminder

Keep in mind that бóльшая (with the accent on **о**) means larger or bigger, whereas **большáя** (with the accent on **а**) is a regular, female adjective, meaning large or big

влиять/повлиять + **на** + acc (v.) – to influence, to impact

влияние (n.) – an influence, an effect

коррупционный (adj.) – corruption-related

коррупция (n.) – corruption

Some law-related verbs

юридческий (adj.) – legal, law-related

юрист (n.) – legal advisor

адвокат (n.) – defense attorney

HOWEVER

право (n.) – law, as an academic subject and a legal right (followed by **на** + acc.)

e.g. *Он изучает право.* – He studies law.

Право на бесплатное образование – The right to free education

закон (n.) – federal/state law (followed by **о** + prep.)

e.g. *Закон о собственности* – The law on property

схема (n.) – scheme

возможность (n.) – possibilities

при помощи (synonym of **с помощью**) (exp.) – with the help of

помощь (n., f.) – help, aid

гражданский (adj.) – civilian

процедура (n.) – procedure

простой (adj.) – ordinary, simple

душный (adj .) – stuffy

электричка (n.) – commuter train

редкий (adj.) – rare

скудный (adj.) – meager

зарплата (n.) – salary

копить/накопить (v.) – to save

цена (n.) – price

большинство (n.) – majority

меньшинство (n.) – minority

экономить/сэкономить (v.) – to economize

Электричка

верить/поверить в + acc. (v.) – to believe in smth/smb

e.g. *Иван верит в Бога* – Ivan believes in God

HOWEVER верить/поверить + dat. – to believe smb

e.g. *Иван верит президенту* – Ivan believes the president

приоритет (n.) – priority

общество (n.) – society

россияне – Russian nationals/citizens

(plural of **россиянин/россиянка**)

Used to describe Russian citizens at large, regardless of their ethnic origin (see *Book One* for a detailed explanation)

> **Reminder**
> **Над** takes the instrumental case
> e.g. *над обществом* – over society

ни... ни... – neither...nor (emphatic)

e.g. *Он не читает ни газет, ни журналов.*
He reads neither newspapers nor journals.

городской (adj.) – urban, municipal

уверен (adj.) – confident, sure (short form of **уверенный**)

обеспечен (adj .) – taken care of, provided for (short adjective of **обеспеченный**)

обеспечивать/обеспечить (v.) – to provide for smb

наконец (exp.) – finally

твёрдый (adj .) – firm, tough

как правило (exp.) – as a rule

Вопросы к теме

1. Как изменилась жизнь состоятельных людей в России?

____

____

____

____

2. Как живут простые люди?

____

____

____

____

3. Что показывают социологические опросы?

____

____

____

____

4. Что журналисты думают о среднем россияне?

____

____

____

____

Дополнительная информация. В Москву!

Москва. A Soviet poster from the '50s

По данным статистики, почти 34% россиян в столице никогда не были, а 26% посещали[1] её последний раз в XX веке. У людей есть желание побывать в столице, но нет финансовых возможностей.

Чтобы осуществить[2] это желание и поддержать внутренний туризм, члены[3] Думы предлагают разработать национальный проект, согласно которому[4] каждый россиянин получает право на посещение Москвы. Социальный турпакет будет включать транспорт, питание и пакет экскурсий.

1. visited
2. to implement
3. members
4. according to which

«Лучше всякой заграницы побывать хоть раз в столице»
A Soviet poster from the '50s

Вопросы к теме

1. Сколько россиян никогда не были в Москве?

2. Какая проблема у россиян, желающих посетить столицу?

3. Какой социальный турпакет разработает Дума?

Для информации. Чем может гордиться Россия?

Победа Советского Союза во Второй мировой войне

Историей	85%
Успехами российского спорта	77%
Культурой и искусством	75%
Армией России и военной мощью	63%
Наукой и учёными	60%

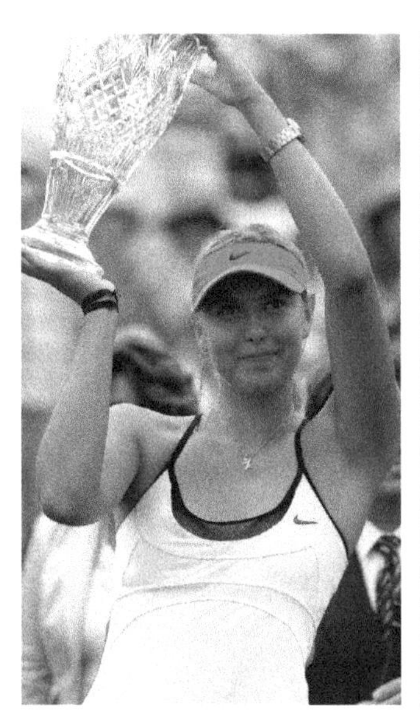

Мария Шарапова – чемпион мира по теннису

Петр Первый – русский император 18 в.

Федор Достоевский – русский писатель 19 в.

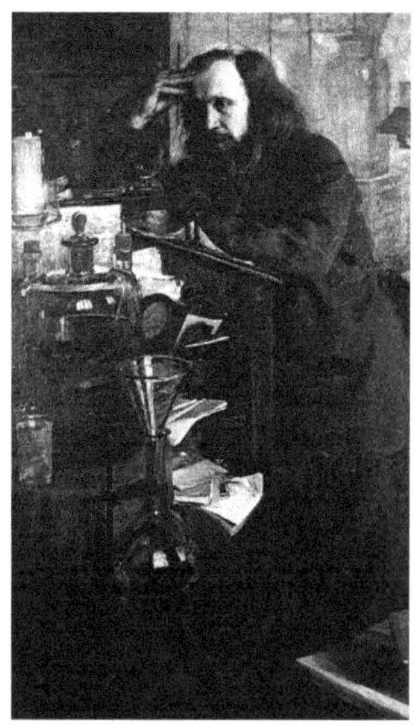

Дмитрий Менделеев – учёный-химик

ТЕМА 2. ЭМИГРАЦИЯ В США

The Immigration Station in New York

Прошлое[1] и настоящее[2]

Иммигранты из Российской империи, а позднее из Советского Союза, приезжали в Соединенные Штаты несколькими большими волнами[3]. Крупная иммиграционная волна последовала[4] после Октябрьской революции. Туда вошли многие представители[5] российской интеллектуальной и творческой[6] элиты: инженеры и изобретатели[7], такие как Владимир Зворыкин, Игорь Сикорский или Александр Понятов, композиторы Сергей Рахманинов и Игорь Стравинский, писатели Владимир Набоков и Алиса Зиновьевна Розенбаум, получившая известность[8] в Америке под именем Эйн Рэнд.

1. the past
2. the present
3. waves (cycles)
4. follow
5. representatives
6. creative/artistic
7. inventors
8. fame/popularity

Владимир Зворыкин

Игорь Сикорский

Александр Понятов

Сергей Рахманинов

Игорь Стравинский

Эйн Рэнд

После Второй мировой войны эмиграция из Советского Союза практически прекратилась[9]. Она возобновилась[10] в эпоху разрядки[11] в 1970-е годы.

В некоторых случаях[12] гастроли[13] советских артистов за рубежом заканчивались[14] побегами[15], один из которых совершил[16] танцор Михаил Барышников, позднее ставший художественным директором[17] Американского театра балета в Нью-Йорке.

В ходе[18] переписи[19] населения США в 2000 году почти 2 миллиона американцев заявили[20] о своих российских корнях,[21] а еще примерно[22] столько же[23] назвали местом своего происхождения[24] Советский Союз.

9. stopped
10. resumed
11. détente
12. in some cases
13. concert tours
14. ended up with
15. defections
16. accomplished
17. artistic director
18. in the course of/during
19. census
20. declared/stated
21. roots
22. approximately
23. the same number
24. origin

Михаил Барышников

Новая волна иммигрантов из России и бывшего Советского Союза

Согласно[25] американской иммиграционной статистике, в период с 1990 по 2012 год около 500 000 человек, прибывших[20] из России и других бывших советских республик, получили право на постоянное жительство[27] в США.

Большинство[28] людей из этой группы приезжает в Соединенные Штаты не из-за[29] политического давления[30], а в поисках[31] лучших возможностей[32]. Новая волна иммигрантов из России и бывшего Советского Союза очень предприимчива[33] и способна[34] адаптироваться[35] к американской жизни.

25. according to
26. who arrived
27. residency
28. the majority
29. because of/due to
30. pressure
31. in search of
32. opportunities
33. entrepreneurial
34. capable of
35. to adapt/to adjust

Лексика и грамматика

эмиграция (n.) – emigration

эмигрант (n.) – emigrant

эмиграционный (adj.) – emigration-related

эмигрировать (v., imp.) – to emigrate

иммиграция (n.) – immigration

иммигрант (n.) – immigrant

иммиграционный (adj.) – immigration related

иммигрировать (v., imp.) – to immigrate

Talking about past, present and future

прошлое (n.) – past

прошлый/-ая/-ое/-ые (adj.) – last (but not the very last)

Related expressions:

в прошлый понедельник, вторник, раз – last Monday, Tuesday, time
в прошлую среду, пятницу, субботу – last Wednesday, Friday, Saturday
в прошлое воскресенье – last Sunday
в прошлом году/месяце/веке – last year/month/century
на прошлой неделе – last week
прошлой осенью/зимой – last fall/winter
прошлым летом – last summer
в прошлом (exp.) – in the past

When talking about the final moments in one's life, use **последний/-яя/-ее/-ие**

e.g. *последнее желание* – the last wish

HOWEVER **последние новости/известия** – current news/events

настоящее (n.) – the present

настоящий/-ая/-ее/-ие (adj.) – real, true

e.g. *Он настоящий герой* – He is a real hero

NOTE: В настоящее время – at the present time (compare to **в прошлом** – in the past)

будущее (n.) – the future

будущий (adj.) – future

e.g. *будущий президент* – the future president

Learn and discuss time-related proverbs:

Настоящее – это хорошо забытое прошлое. – The present is a completely forgotten past.
Будущее – это хорошо забытое настоящее. – The future is a completely forgotten present.

«Всё в прошлом» famous painting by Maksimov

волна (n.) – wave

позднее (comp, adj.) – later (comparative form of **поздно**)

крупный (adj.) = **большой**

следовать/последовать (v.) = to follow

представитель (n.) – representative

представлять/представить (v.) – to represent, to introduce

e.g. *Он представлял свою страну* – He represents his country

Он представил свою жену – He introduced his wife

Reminder

после (prep.) – after + genitive case

e.g. *после войны* = after the war

<u>**NOTE**</u>: **российский** is used generally in reference to geography rather than ethnicity

Александр Попов

интеллектуал (n.) – an intellectual

интеллектуальный (adj.) – intellectual

творческий (adj.) – creative

элита (n.) – elite

элитарный (adj.) – elitist

изобретатель (n.) – inventor

изобретать/изобрести – to invent

e.g. *Александр Попов изобрёл радио.*
Alexander Popov invented the radio (according to Russian multimedia)

изобретение (n.) – invention

композитор (n.) – composer

получившая – who had received (past active participle of **получить**)

известность (f. n.) – fame

известный (adj.) – famous

прекращать(-ся)/прекратить(-ся) (v.) – to stop, to cease

e.g. *Он прекратил писать* – He stopped writing

Дождь прекратился – The rain stopped

возобновляться/возобновиться (v.) – to resume

эпоха (n.) – epoch (a period of time)

разрядка (n.) – détente

в некоторых случаях (exp.) – in some cases

случай (n.) – case, instance

HOWEVER: **несчастный случай** (exp.) – accident

гастроли (n., always in plural) – concert tour

гастролировать (v. imp.) – to tour

на гастролях (exp.) – on tour

заканчивать(-ся)/закончить(-ся) (v.) – to finish, to end up with

побег (n.) – escape, defection

совершать/совершить (v.) – to accomplish

танцор (n.) – (male) ballet dancer

танцевать (v., imp) – to dance

(*я танцую, ты танцуешь*, etc.)

ставший – who became (past active participle of **стать**)

художественный директор (exp.) – artistic director

в ходе + gen. (exp.) – during, in the course of

перепись (n., f.) – census

заявлять/заявить (v.) – to state, to declare

корень (n., m.) – root

NOTE: irregular plural is **корни**

примерно (adv.) – nearly, approximately

столько же (exp.) – the same number

происхождение (n.) – origin

согласно + dat. (exp.) – according to

прибывших – who arrived (past active participle of **прибыть**)

постоянное жительство (exp.) – permanent residency

большинство (n.) – majority

opposite: **меньшинство** (n.) – minority

из-за + gen. (exp.) – because of, due to

давление (n.) – pressure

в поисках + gen. (exp.) – in search of

возможность (n.) – opportunity, possibility

возможный (adj.) – possible

предприимчивый – entrepreneurial

предприниматель – entrepreneur

совместное предприятие (exp.) – joint venture

способный (adj.) – capable

способность (n., f.) – availability

адаптироваться к + dat. (v., imp.) – to adjust to

Вопросы к теме

1. Кто вошёл в иммиграционную волну после Октябрьской революции?

2. Что случилось после Второй мировой войны?

3. Когда эмиграция из СССР возобновилась?

4. Что Вы знаете о Михаиле Барышникове?

5. Что показала американская иммиграционная статистика?

6. Из кого состоит новая волна иммигрантов из России и бывшего СССР?

ТЕМА 3. ЭМИГРАЦИЯ В ГЕРМАНИЮ

Беженцы в Германии

Почему в Германии выросло число[1] беженцев[2] из России

По данным[3] МВД[4] Германии, россияне оказались[5] на первом месте по количеству[6] желающих получить политическое убежище[7] в ФРГ[8]. Многие российские и западные СМИ[9] сообщали[10], что большинство россиян, которые хотят получить убежище в ФРГ, – это этнические чеченцы, а также жители из других кавказских[11] республик.

Хотя[12] ситуация в Чечне стабилизировалась[13], там до сих пор[14] существует много проблем, таких как коррупция, нарушение[15] прав человека[16], вымогательство[17] денег, а также произвол[18] местных властей[19].

1. quantity
2. refugees
3. according to the data
4. Ministry of Internal Affairs
5. proved to be
6. according to the number
7. political asylum
8. Federal Republic of Germany
9. social media
10. informed
11. the Caucus region
12. although
13. stabilized
14. until now
15. violations
16. human rights
17. extortion
18. unlimited power
19. local authorities

Лексика и грамматика

число (n.) – quantity (synonym of **количество**)

Германия (n.) – Germany

HOWEVER: **немецкий** (adj.) – German

  немец (n.) – a male German

  немка (n.) – a female German

  немцы (n., pl.) – Germans

беженец (n.) – a male refugee

  беженка (n.) – a female refugee

  беженцы (n., pl.) – refugees

по данным (exp.) – according to the data

МВД (**Министерство внутренних дел**) – Ministry of Internal Affairs

оказываться/оказаться (v.) – to turn out, to prove to be

по количеству (exp.) – according to the quantity

убежище (n.) – asylum

ФРГ (**Федеративная республика Германии**) – German Federal Republic

СМИ (**средства массовой информации**) (exp.) – social media

сообщать/сообщить – to inform

Чечня – Chechnya

  чеченский (adj.) – Chechnya-related

  чеченец (n.) – male Chechen

  чеченка (n.) – female Chechen

Some "running" verbs

бегать (v., imp.) – to run (multidirectionally)

бежать (v., imp.) – to run (in one direction)

я бегу	*мы бежим*
ты бежишь	*вы бежите*
он/она бежит	*они бегут*

убегать/убежать (v.) – to run away, to flee

прибегать/прибежать (v.) – to arrive by running

добегать/добежать до + gen. (v.) – to run up to

перебегать/перебежать (v.) – to run across

Карта Чечни

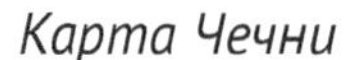

Иммиграция в Россию

Кавказ (n.) – Caucasus region

кавказский (adj.) – Caucasus-related

хотя (adv.) – although

стабилизироваться (v., imp.) – to become stable

до сих пор (exp.) – still

существовать (v., imp.) – to exist

нарушение (n.) – violation

нарушать/нарушить (v.) – to violate

права человека (exp.) – human rights

вымогательство (n.) – extortion

вымогать (v., imp.) – to extort

вымогатель/-ница (n., m/f) – extortionist

произвол (n.) – unlimited power of a superior authority

Вопросы к теме

1. Что сообщают данные МВД Германии?

2. Из какой части России большинство желающих эмигрировать в ФРГ?

3. Какие проблемы до сих пор существуют на Кавказе?

Для информации. Хорошо там, где нас нет*

** Russian version of "The grass is always greener on the other side"*

Согласно официальным данным[1], ежегодно в страны дальнего зарубежья[2] на постоянное место жительства из РФ уезжает порядка 40 тыс. человек. Но это лишь те, кто официально заявляет[4] о своём отъезде. Но граждан, которые уезжают на время[5] (учиться, работать), а потом остаются за границей, никто не считает. Вместе с ними их число, по экспертным оценкам, составляет около 100 тыс. человек в год. По данным «Левада-центра», уехать из страны хотели бы 22% россиян.

Ответ простой: на всех уровнях[6] власть не считает человека главным центром и объектом своей работы. А отсюда уже все те российские проблемы (коррупция, страх за безопасность детей, некачественное здравоохранение[7]), от которых бегут россияне. Другая опасность – качество тех, кто уезжает. Это люди с высшим образованием, высокой квалификацией, то есть как раз те, на кого можно было бы опираться, проводя[8] модернизацию России.

В стране за последнее время появился средний класс, он способен накопить[9] определённые суммы денег, необходимые[10] для обустройства[11] на новом месте, и теперь активно выезжает. Чаще всего[12] в Чехию, Болгарию, Черногорию и страны Прибалтики. А богатые россияне уже давно приобрели себе недвижимость или бизнес в западноевропейских странах – Великобритании, Франции, Австрии.

1. according to official data
2. countries never part of Soviet bloc (a.k.a. "Far abroad")
3. permanent residency
4. declares/states
5. temporarily
6. level
7. low quality
8. carry out, conduct (imp. gerund of проводить)
9. to save (money)
10. necessary
11. settling in
12. mostly

Вопросы к теме

1. Почему многие образованные молодые люди уезжают из России?

2. Какие могут быть последствия (consequences)?

Express It In Russian

1. A niche group of people who made both large- and medium-sized fortunes participates in political and social life and enjoys the benefits of wealth and personal freedom.

2. Wealthy people solve their daily, legal and medical problems with the help of money and not civil procedures.

3. Ordinary people cannot impact politics or the authorities. They only earn miserable salaries, ride in stuffy commuter trains, and save for their entire lives to buy an apartment.

4. Russians no longer trust either municipal authorities or the deputies of the Duma.

5. An average Russian is patriotic and pragmatic; he learned how to earn money, but has no certainty that his family will be provided for in the future.

6. Many engineers, inventors, writers and composers immigrated to the US after the October Revolution.

7. After World War II, emigration from the Soviet Union practically stopped and resumed in the '70s during Détente

8. According to the census, two million Americans named the former Soviet Union as the place of their origin.

9. The new wave of immigrants from the former Soviet Union is very entrepreneurial and well adjusted to life in the US.

10. Russia ranks first among countries in the number of refugees seeking political asylum in Germany

11. Chechen and other ethnic groups from the Caucuses emigrate to Germany because of corruption and human rights violations in the country.

Chapter One Topical Vocabulary

А

авторитет (n.) – authority

адаптироваться к + dat. (v., imp.) – to adjust to

Б

бедность (n., f.) – poverty

беженец (n.) – a male refugee

богатство (n.) – wealth

большинство (n.) – majority

бытовая жизнь (exp.) – everyday life, daily routine

В

верить/поверить в + ace. (v.) – to believe in smt/smb

витрина (n.) – shop window

власть (n. f.) – power

влиять/повлиять + **на** + acc (v.) – to influence, to impact

возможность (n.) – possibilities

возобновляться/возобновиться (v.) – to resume

волна (n.) – wave

впечатление (n.) – impression

вымогательство (n.) – extortion

Г

гастроли (n., always in plural) – concert tour

где-то (exp.) – somewhere

городской (adj.) – urban, municipal

гражданский (adj.) – civilian

Д

давление (n.) – pressure

дальше (adv.) – further (irregular comparative of **далеко**)

по данным (exp.) – according to the data

Д

до сих пор (exp.) – still

душный (adj.) – stuffy

З

заканчивать(-ся)/закончить(-ся) (v.) – to finish, to end up with

заметно (adv.) – noticeably

зарплата (n.) – salary

заявлять/заявить (v.) – to state, to declare

И

известность (f. n.) – fame

из-за + gen. (exp.) – because of, due to

изобретатель (n.) – inventor

иммиграция (n.) – immigration

интеллектуал (n.) – an intellectual

К

композитор (n.) – composer

копить/накопить (v.) – to save

коррупционный (adj.) – corruption-related

корень (n., m.) – root

критиковать (imp. v.) – to criticize

крупный (adj.) – big, huge

Л

личный (adj.) – personal

М

МВД (**Министерство внутренних дел**) – Ministry of Internal Affairs

меньшинство (n.) – minority

Н

наконец (exp.) – finally

народный (adj.) – people's (adjectival derivative of **народ**)

нарушение (n.) – violation

Н

настоящее (n.) – the present

в некоторых случаях (exp.) – in some cases

несмотря на + ace. (exp.) – despite, in spite of

О

обеспечен (adj.) – taken care of, provided for (short adjective of **обеспеченный**)

основа (n.) – foundation

отъезжать/отъехать (v.) – to drive away

П

права человека (exp.) – human rights

как правило (exp.) – as a rule

перепись (n., f.) – census

представитель (n.) – representative

позднее (comp, adj.) – later (comparative form of **поздно**)

при помощи (synonym of **с помощью**) (exp.) – with the help of

предприимчивый – entrepreneurial

прекращать(-ся)/прекратить(-ся) (v.) – to stop, to cease

примерно (adv.) – nearly, approximately

прибывших – who arrived (past active participle of **прибыть**)

приоритет (n.) – priority

произвол (n.) – unlimited power of a superior authority

происхождение (n.) – origin

простой (adj.) – ordinary, simple

процедура (n.) – procedure

прошлое (n.) – past

побег (n.) – escape, defection

пожинать плоды (exp.) to reap the fruit

в поисках + gen. (exp.) – in search of

получившая – who had received (past active participle of **получить**)

постоянное жительство (exp.) – permanent residency

П

разрядка (n.) – détente

редкий (adj.) – rare

Р

скудный (adj.) – meager

следовать/последовать (v.) – to follow

СМИ (**средства массовой информации**) (exp.) – social media

способный (adj.) – capable

совершать/совершить (v.) – to accomplish

согласно + dat. (exp.) – according to

создавать(-ся)/создать(-ся) (v.) – to create (to be created)

сообщать/сообщить – to inform

средний (adj.) – average, midsize

состояние (n.) – a (financial) fortune

стабилизироваться (v., imp.) – to become stable

ставший – who became (past active participle of **стать**)

становиться/стать (v.) – to become

столько же (exp.) – the same number

существовать (v., imp.) – to exist

схема (n.) – scheme

С

танцор (n.) – (male) ballet dancer

твёрдый (adj.) – firm, tough

творческий (adj.) – creative

толпа (n.) – crowd

Т

У

уверен (adj.) – confident, sure (short form of **уверенный**)

узкий (adj.) – narrow

участвовать (v., imp) – to participate

Ф

ФРГ (**Федеративная республика Германии**) – German Federal Republic

Х

в ходе + gen. (exp.) – during, in the course of

хотя (adv.) – although

художественный директор (exp.) – artistic director

Ц

цена (n.) – price

цензура (n.) – censorship

Ч

число (n.) – quantity (synonym of **количество**)

Э

экономить/сэкономить (v.) – to economize

электричка (n.) – commuter train

элита (n.) – elite

эмиграция (n.) – emigration

эпоха (n.) – epoch (a period of time)

Я

яснее (adv.) – clearer (comparative of **ясный**)

Geographic names

Германия (n.) – Germany

Кавказ (n.) – Caucasus region

Турция (n.) – Turkey

Чечня (n.) – Chechnya

Египет (n.) – Egypt

ГЛАВА 2. ПРЕСТУПНОСТЬ И ТЕРРОРИЗМ

Тема 1. Миграция и преступность

Лексика и грамматика

- Comparatives and superlatives of adjectives and adverbs
- Conjugation of «проводить» (present tense)
- Conjugation of «провести» in the past and future
- Court-related words

Вопросы к теме

Миграция в Россию: мнения россиян

Лексика и грамматика

- The use of «хватать/не хватать»
- Expressions relating to exams

Вопросы к теме

Тема 2: Российская криминальная хроника

Часть 1. Теракты в Пятигорске и в Волгограде

Лексика и грамматика

- Declension of «два» and «три»

Вопросы к теме

Часть 2 Полиция раскрыла преступную сеть в Дагестане и Москве

Лексика и грамматика

- Money-related words

Вопросы к теме

Часть 3. Террористы в Дагестане

Лексика и грамматика

- Numerals between 100 and 900

Вопросы к теме

Часть 4. В Москве предотвращено несколько терактов

Лексика и грамматика

Вопросы к теме

Часть 5. 10 террористов задержали в Москве и Санкт-Петербурге

Лексика и грамматика

- Some real estate-related terms
- Present conjugation of «вести»
- Past tense conjugation

Вопросы к теме

Для информации. О превращении милиции в полицию

Вопросы к теме

Express It In Russian

Chapter Two Topical Vocabulary

Geographic Names

ТЕМА 1. МИГРАЦИЯ[1] И ПРЕСТУПНОСТЬ[2]

Преступность в России

Почти все теракты на территории России так или иначе[3] связаны[4] с жителями Северного Кавказа. Число преступлений[5], совершённых[6] иностранцами, в 2017 г. выросло на 40%, каждое 6-е убийство[7] и каждое 3-е изнасилование совершены гражданами из стран СНГ.

Нужна ли там особая[9] политика? Самый простой вариант — отделить[10] республики Северного Кавказа. Однако пока что[11] к этому не готовы ни большая часть населения, ни федеральные власти. Кроме того, будет открыт путь[12] для распространения[13] в мусульманские регионы (Татарстан, Башкирию и др.) идей радикального ислама. Наиболее[14] цивилизованный путь — попытаться[15] ассимилировать[16] жителей этого региона. При этом[17] необходимо[18] обеспечить[19] строгое[20] исполнение[21] закона для всех граждан, несмотря на национальность.

Несмотря на постоянное[22] ужесточение[23] законов о борьбе с терроризмом, теракты в России, к сожалению, продолжаются[24]. Часто под видом[25] рабочих из Центральной Азии в Россию приезжают уже подготовленные[26] в военных лагерях[27] исламисты. При этом ни одна правоохранительная[28] структура не проводит проверки[29] безвизовиков[30] не только на активное участие в бандитских сообществах, но даже на совершённые ими на родине уголовные[31] преступления. Среди государств СНГ нет общей базы сведений[32] по судимым лицам[33]. Ответы на официальные запросы[34] по установлению личности[35] приходится ждать месяцами.

1. migration
2. crime
3. one way or another
4. connected
5. offenses
6. committed
7. murder
8. rape
9. special
10. separate (v.)
11. for the time being
12. pathway
13. spreading dissemination
14. the most
15. to attempt
16. to assimilate
17. at the same time
18. it's necessary
19. to provide
20. strict
21. law enforcement
22. constant
23. toughening
24. are continuing
25. under disguise
26. trained
27. military camps
28. law enforcement
29. verifications
30. non-visa holders
31. criminal
32. database
33. people with previous convictions
34. inquiries
35. identifications

Лексика и грамматика

преступность (n.) – crime

преступление (n.) – a crime/offense

преступник (n.) – male criminal

преступница (n.) – female criminal

совершённое – committed, past participle of **совершить/совершать** (v.) – to commit

терроризм (n.) – terrorism

теракт (n.) = **террористический акт** – a terrorist act

террорист (-ка) – a terrorist (m/f)

так или иначе (exp) – in one way or another

связан/-а/-о/-ы + instr (exp) – connected/linked to...

связь (n. f.) – connection/communication

e.g. *Министерство связи*

e.g. *У него хорошие связи в Правительстве.*
He has good connections in the government.

Северный Кавказ (n.) – Northern Caucasus

Карта Северного Кавказа

убийство (n.) – a murder

убивать/убить (v.) – to murder

убийца (n. m/f) – a murderer

изнасилование (n.) – a rape

изнасиловать (v., perf.) – to rape

насильник (n.) – rapist

насилие (n.) – violence

СНГ – Содружество Независимых Государств – Commonwealth of Independent States

особый (adj.) – special

отделять/отделить (v.) – to separate

пока что (exp.) – for the time being, so far

кроме того (exp.) – besides

таким образом (exp.) – by doing so

путь (n. m.) – pathway, gateway

Карта Татарстана

распространение (n.) – spreading, proliferation

распространять/распространить (v.) – to spread, to disseminate

мусульманский (adj.) – Muslim

мусульманин (n.) – a male Muslim

мусульманка (n.) – a female Muslim

мусульмане (n. pl.) – Muslims

Татарстан (n.) – Tatarstan

татарский (adj.) – Tatar

татарин (n.) – a male Tatar

татарка (n.) – a female Tatar

татары (n. pl.) – Tatars

Башкортостан (traditionally called **Башкирия**) (n.) – Bashkortostan

башкир/-ка (n.) – a Bashkir person (m/f)

башкирский (adj.) – Bashkir

башкиры (n. pl.) – Bashkirs

наиболее (adj.) – the most

Comparatives and superlatives of adjectives and adverbs

To say more/less, put **более** or **менее** before an adjective or adverb

e.g. *более/менее интересный*
more/less interesting

To say the most/the least, put **наиболее/наименее** before an adjective or adverb

e.g. *наиболее/наименее трудный*
the most/least difficult

You can also use **самый/-ая/-ое/-ые** to form superlatives

e.g. *самый красивый*
the most beautiful

Карта Башкортостана

цивилизованный (adj.) – civilized

цивилизация (n.) – civilization

пытаться/попытаться (v.) – to try

попытка (n.) – attempt

ассимилировать (v., imp.) – to assimilate

synonym: **интегрировать** (v., imp.) – to integrate

ассимиляция (n.) – assimilation

интеграция (n.) – integration

при этом (exp.) – at the same time

необходимо + inf. (adv.) – (It is) necessary to

необходимый (adj.) – necessary

необходимость (n.) – a necessity, a need

обеспечивать/обеспечить (v.) – to provide, to ensure

обеспечение (n.) – a guarantee

исполнение (n.) – fulfillment/implementation

исполнять/исполнить (v.) – to fulfill, to enforce, to implement

строгий (adj.) – strict

постоянный (adj.) – constant, regular

ужесточение (n.) – increasing severity

продолжать/продолжить (v.)-to continue

под видом + gen. (exp.) – under the disguise

Центральная Азия (n.) – Central Asia

азиатский (adj.) – Asian

подготовленный (adj.) – trained (Past Passive Participle of **подготовить**)

synonym: **которые были подготовлены** – who were trained at

лагерь (n. m.) – a (military) camp

правоохранительный (adj.) – law enforcement related

проводить/провести (v.) – to conduct/to carry out

Conjugation of «проводить» (present tense)

я провожу
ты проводишь
он/а проводит
мы проводим
вы проводите
они проводят

Conjugation of «провести» in the past and future

Past	Future
я провёл (m.)	*я проведу*
я провела (f.)	*ты проведёшь*
ты провёл (m.)	*он/а проведёт*
ты провела (f.)	*мы проведём*
он провёл	*вы проведёте*
она провела	*они проведут*
мы/вы/они провели	

e.g. *Президент провёл переговоры в Москве.*
The president conducted the negotiations in Moscow.

e.g. *Главы государств проведут встречу в июне.*
The heads of state will conduct a meeting in June.

проверка (n.) – verification, check

проверять/проверить (v.) – to check, to verify

e.g. *Доверяй, но проверяй* – Trust, but verify (a famous Russian proverb)

безвизовики (exp. slang) – foreign nationals not requiring a Russian visa to enter the country

бандитский (adj.) – related to violent crime

бандит (n.) – a violent criminal, gangster

сообщество (n.) – community, organization

бандитское сообщество (exp.) – criminal group, gang

уголовное преступление (exp.) – criminal offense

<u>antonym</u>: **гражданское преступление** – a civil offense

уголовный/гражданский кодекс (exp.) – Criminal/Civil Code

база данных по + dat. (exp.) – database on

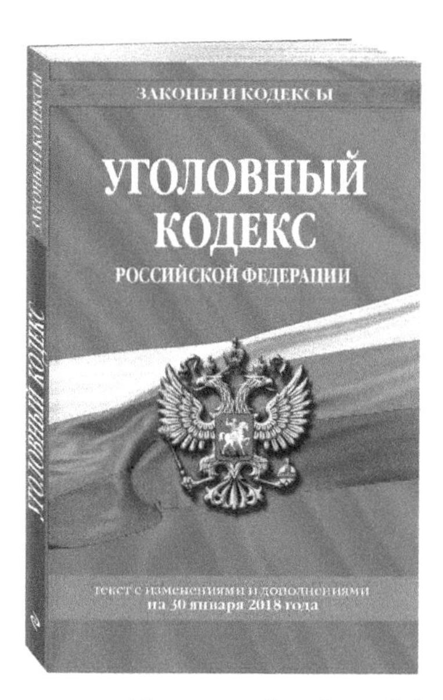

Уголовный кодекс РФ

судимые лица (exp.) – those with a criminal record

> **судимость** (n.) – a criminal record/previous convictions
>
> **суд** (n.) – (legal) court

запрос (n.) – inquiry

установление личности (exp.) – personal verification

> **устанавливать/установить** (v.) – to verify, to establish

личность (n.) – personality

> **личный** (adj.) – personal

Court-related words

верховный суд (n.) – Supreme Court

судья (n. m/f) – judge

судить (v. imp.) – to judge, to try in court

> e.g. *Его судили за убийство.* He is being tried for murder.

подсудимый (n.) – defendant

осуждённый (n.) – convict

судебное дело (n.) – legal case

Вопросы к теме

1. Кто совершает большинство преступлений на территории РФ?

2. Почему невозможно отделить республики Северного Кавказа?

3. Какой наиболее цивилизованный путь решения проблемы?

4. Какие трудности по борьбе с преступностью в российских регионах?

Миграция[1] в Россию: мнения[2] россиян

Опрос

Иммигранты повышают[3] уровень[4] преступности и коррупции[5]. Иммигранты создают конкуренцию на рынке труда[6] и отнимают[7] работу у местных жителей.

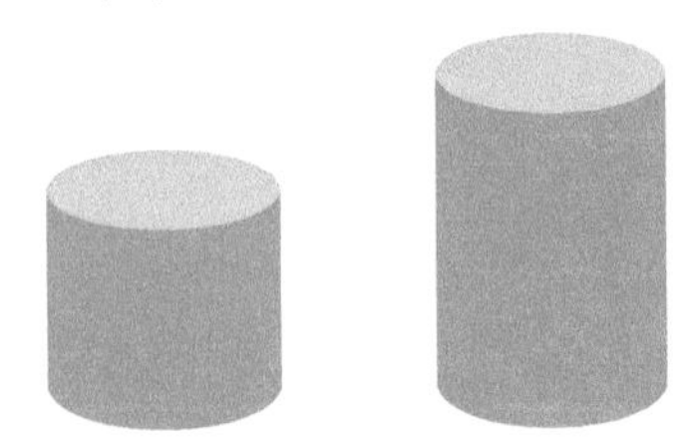

2000 год: 34% *2017 год: 52%*

Надо поддерживать[8] въезд[9] в страну русского и русскоязычного[10] населения, но ограничивать[11] въезд представителей других национальностей.

2000 год: 34% *2017 год: 36%*

Надо поддерживать въезд в страну молодых и образованных[12] граждан, ограничивая въезд нетрудоспособных[13] и малообразованных[14] граждан из других стран.

2000 год: 48% *2017 год: 33%*

С 1 сентября трудовые мигранты начнут сдавать экзамены по русскому языку, истории РФ и основам законодательства[19]. Без них они не смогут получить разрешение на работу[20].

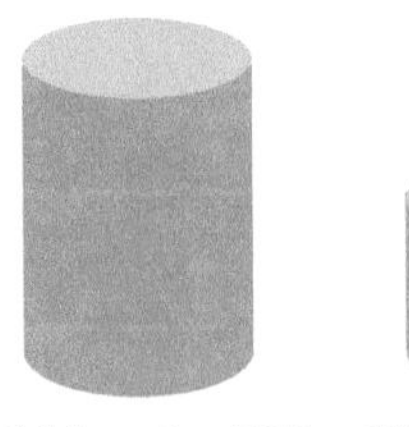

2000 год: 49% *2017 год: 28%*

1. migration
2. opinions
3. increase
4. level
5. competition
6. labor market
7. take away
8. to support
9. entry
10. Russian-speaking
11. to limit
12. educated
13. incapable to work
14. uneducated
15. compensate
16. shortage
17. low-skilled
18. low-paid
19. basics of law
20. work permit

Лексика и грамматика

Soviet poster of the '50s

миграция (n.) – migration

  мигрант (n.) – migrant

мнение (n.) – opinion

повышать/повысить (v.) – to raise

уровень (n., m.) – level

конкуренция (n.) – competition

  конкурент (n.) – competitor, rival

рынок труда (exp.) – labor market

  рыночный (adj.) – market-related

  e.g. *рыночная экономика* (n.) – market economy

трудовой мигрант (exp.) – labor migrant

  труд (n.) – labor

отнимать/отнять (v.) – to take away

поддерживать/поддержать (v.) – to support

  поддержка (n.) – support

въезд (n.) – entry

русскоязычный (adj.) – Russian speaking

ограничивать/ограничить (v.) – to limit, to restrict

  ограничение (n.) – limit, restriction

граница (n.) – border

  пограничник (n.) – border patrol

образованный (adj.) – educated

  малообразованный (adj.) – uneducated

  высокообразованный (adj.) – highly educated

  образование (n.) – education

(не)трудоспособный (adj.) – (un)able to work

восполнять/восполнить (v.) – to compensate for

нехватка + gen. (n.) – a shortage

e.g. *нехватка воды, ресурсов, и т.д.* – shortage of water, resources, etc.

To describe a sufficient amount, use **достаточно** + gen.

e.g. *достаточно денег* – enough money

The use of «хватать/не хватать»

Use Dative before **хватать/не хватать** (v.) to express having or not having enough of something. Use Genitive to describe what you are having or not having enough of

e.g. *Мне не хватает времени на путешествия* – I don't have enough time to travel

The perfective form of **хватать** is **хватить**

Use the neuter form **хватило** for all persons in the past tense

e.g. *Ему не хватило денег на машину* – He did not have enough money for a car

Use **хватит** for all persons in the future tense

e.g. *Нам хватит ресурсов на 10 лет* – We will have enough resources for 10 years

квалифицированный (adj.) – qualified, skilled

мало/высококвалифицированный (adj.) – under/highly qualified

низкооплачиваемый (adj.) – lowly paid

сдавать/сдать экзамен (exp.) – to take, to pass an exam

Expressions relating to exams

сдавать экзамен – to take an exam

сдать экзамен – to pass an exam

e.g. *Иван сдавал экзамен, но не сдал* – Ivan took an exam, but did not pass

проваливать/провалить экзамен – to fail, to flunk an exam

принять/принимать экзамен (exp.) – to give an exam

e.g. *Профессор будет принимать экзамен в среду.*
The professor will give an exam on Wednesday.

To describe an exam in a specific subject, use the model

экзамен + по + name of the subject in dative case

e.g. *экзамен по математике/русскому языку*
A mathematics/Russian language exam

основа (n.) – foundation, basics

законодательство (n.). – legislation

разрешение на работу (exp.) – work permit

разрешать/разрешить (v.) – to allow, to permit

Вопросы к теме

1. Что думают большинство россиян о миграции в РФ?

____

____

____

____

____

____

____

2. Какие аргументы за и против миграции?

____

____

____

____

____

____

____

3. Какое Ваше мнение о миграции?

____

____

____

____

____

____

____

ТЕМА 2. РОССИЙСКАЯ КРИМИНАЛЬНАЯ ХРОНИКА

Теракт в Волгограде

Часть 1. Теракты в Пятигорске и в Волгограде

Как сообщил[1] Национальный антитеррористический комитет РФ, задержаны[2] исполнители[3] взрыва[4], убившего[5] трёх человек в Пятигорске. Тогда сработало[6] спрятанное[7] в автомобиле самодельное[8] взрывное[9] устройство[10].

Правоохранители[11] установили личности подозреваемых[12]. Задержанные[13] дают признательные[14] показания[15], в том числе и в подготовке ещё более масштабного[16] теракта.

Есть надежда и на скорое раскрытие[17] двух взрывов в Волгограде, убивших 34 человека. Обыски[18], опросы[19] свидетелей[20] и другие оперативные мероприятия[21] проходят в различных[22] населённых пунктах[23] страны, в том числе и в Москве. Полученные сведения[24] указывают на[25] существование[26] законспирированной[27] террористической организации с центрами не только на Северном Кавказе, но и в Поволжье,[28] а также в других регионах РФ. Рассматривается[29] версия[30] о финансировании[31] этого незаконного[32] формирования с Ближнего востока[33].

1. informed
2. are detained
3. executors
4. explosion, blast
5. which killed
6. went off
7. hidden
8. self-made
9. explosive
10. device
11. law enforcement officers
12. suspects
13. The detained
14. confessional
15. testimony
16. large scale
17. solving
18. searches
19. questioning
20. witnesses
21. measures
22. various
23. residential areas
24. the obtained data
25. point to
26. existence
27. well disguised
28. the Volga district
29. under consideration
30. version
31. financing
32. illegal
33. Middle East

Лексика и грамматика

сообщать/сообщить (v.) – to inform

задержанный (n.) – a detainee/someone in custody

задержан/-а/-ы – are detained, are arrested (short passive participle of **задержать**)

задерживать/задержать (v.) – to detain, to arrest

исполнитель (n.) – executor, performer

исполнять/исполнить (n.) – to execute, to perform

взрыв (n.) – explosion, blast

взрывать/взорвать (v.) – to explode, to detonate

взрывной (adj.) – explosive

убившего – which killed (past active participle of **убить**)

убить → убил → –л → -вший/-ая/-ие

убивать/убить (v.) – to kill, to murder

трёх (num.) – genitive singular of **три**

Declension of «три»

nom. – *три*
gen. – *трёх*
dat. – *трём*
acc. – *три*
instr. – *тремя*
prep. – *трёх*

срабатывать/сработать (v.) – to go off (in reference to technical devices)

спрятанный (adj.) – hidden [past active participle of **спрятать** (v., perf.)]

спрятал → –л → + анный/-ая/-ое/-ые

прятать/спрятать (v.)-to hide

самодельный (adj.) – self-made, improvised, homemade

устройство (n.) – device, gadget

правоохранитель (n.) – law enforcement agent

правоохранительный (adj .) – law enforcement-related

подозреваемый (adjectival noun) – suspect

подозревать (v., imf.) – to suspect

показания (n.) – evidence (always in the plural)

признательные показания (exp.) – confessional testimony (pleading guilty)

давать/дать показания (exp.) – to testify

масштабный (adj.) – large scale

масштаб (n.) – scale, magnitude

раскрытие (n.) – solving (crime, etc.)

раскрывать/раскрыть (v.) – to solve (crime, etc.)

двух (num.) – genitive case of **два**

обыск (n.) – search (in legal context)

обыскивать/обыскать (v.)-to search (in legal context)

опрос (n.) – questioning, survey

опрашивать/опросить (v.) – to question

допрашивать/допросить (v.)-to interrogate

допрос (n.) – measure

мероприятие (n.) – measure

различные (adj.) – various (typically used in the plural)

населённый пункт (exp.) – residential area (used in formal contexts)

полученные сведения (exp.) – obtained (received) data

полученный (adj.) – past passive participle of **получить** – to receive

получил → –л → + енный/-ая/-ое/-ые

сведения (n.) – information, data (typically used in the plural)

указывать/указать (v.) **на** + acc. – to point to, to indicate

существование (n.) – existence

существовать (v., impf.) – to exist

Я существую, etc.

Declension of «два»

nom. – *два/две*
gen. – *двух*
dat. – *двум*
acc. – *два/две*
instr. – *двумя*
prep. – *двух*

законспирированный (adj.) – clandestine, disguised

Поволжье (n.) – the Volga region

рассматривается (exp.) – under consideration

рассматривать/рассмотреть (v.) – to consider

версия (n.) – version

финансирование (n.) – financing

финансировать (v. impf.) – to finance

финансы (n., pl.) – finance

Министерство финансов (n.) –
Ministry of Finance/Department of the Treasury

Министерство финансов РФ

(не)законный (adj.) – (il)legal

формирование (n.) – entity, formation

Ближний восток (n.) – Middle East

Volgograd, formerly Stalingrad, the site of a pivotal World War II battle that halted the Nazi invasion of the Soviet Union

Вопросы к теме

1. Что сообщил Национальный антитеррористический комитет РФ?

____

____

2. Как произошёл взрыв?

____

____

3. Что сделали правоохранители?

____

____

4. Какие показания дают задержанные?

____

____

5. Какие мероприятия проходят на территории РФ?

____

____

6. На что указывают полученные сведения?

____

____

7. Какая версия рассматривается в настоящий момент?

____

____

____

____

Часть 2. Полиция раскрыла преступную сеть[1] в Дагестане и Москве

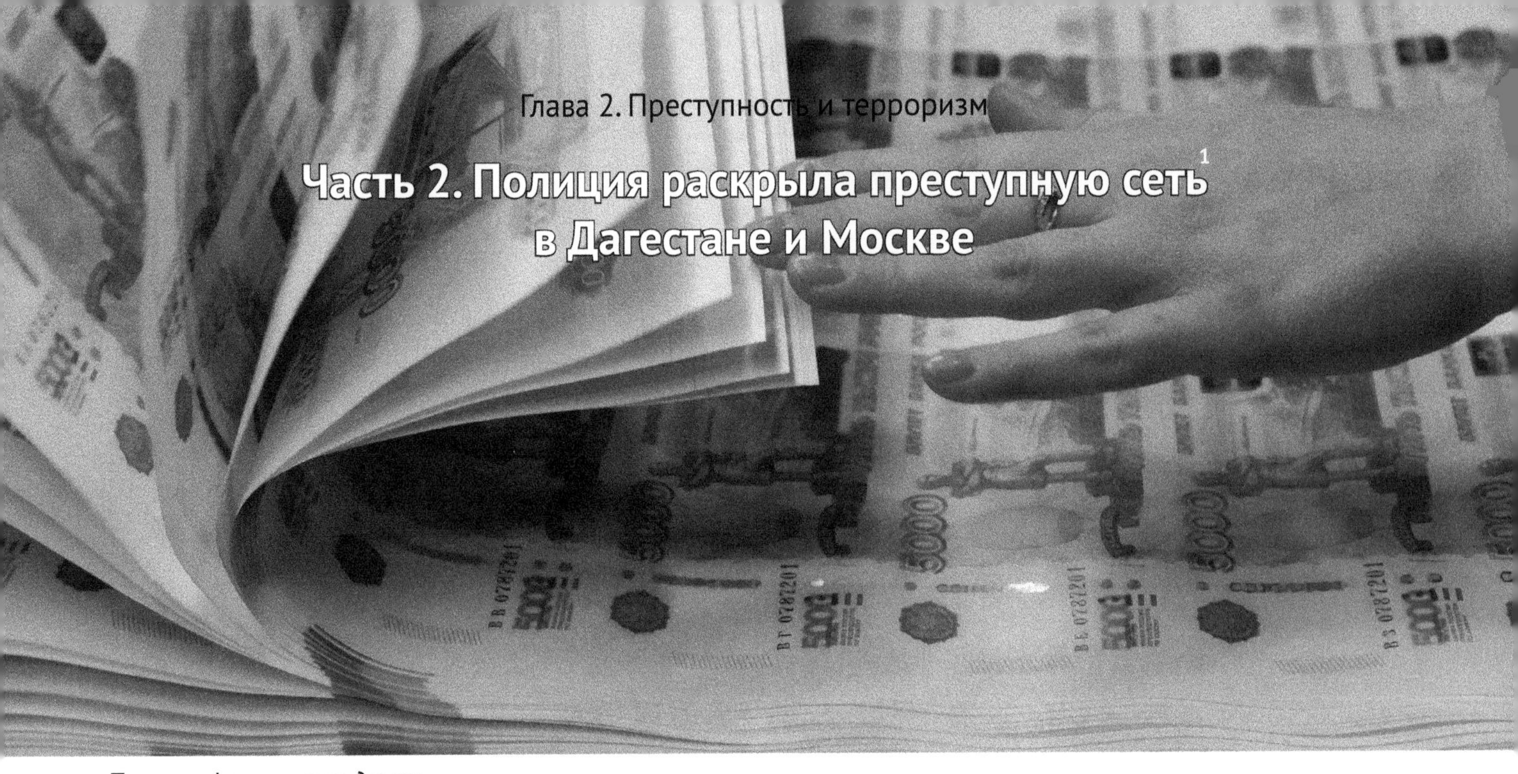

Печать фальшивых денег

Полиция раскрыла в Москве и Дагестане сеть фальшивомонетчиков[2], которые могли изготавливать[3] до 40 млн. рублей ежемесячно[4]. Преступники изготавливали российские рубли, доллары и евро[5], поддельные[6] купюры[7] имели водяные знаки[8] и другие защитные[9] элементы.

Полицейские отмечают, что раньше никогда на территории России не печатали[10] банкноты Евросоюза[11]. Фальшивые[6] деньги распространились[12] по всем российским регионам, а также в Украине и в Беларуси.

1. network
2. counterfeiters
3. to make, to manufacture
4. monthly
5. euro
6. fake
7. banknotes
8. watermarks
9. protective
10. printed
11. EU
12. was spread

Лексика и грамматика

раскрывать/раскрыть (n.) – to disclose, to detect, to solve

сеть (n, f.) – network

фальшивомонетчик (n.) – counterfeiter

Дагестан (n.) – Dagestan

изготовлять/изготовить (v.) – to produce, to manufacture

до + gen. (prep.) – up to

e.g. *до сорока тысяч рублей* up to forty thousand rubles

ежемесячно (adv.) – monthly

ежедневно – daily

еженедельно – weekly

ежегодно – annual

евро (n., m.) – euro (non-declinable)

e.g. *один евро* – one euro

поддельный (adj.) – fake, forged

подделка (n.) – a fake

подделывать/подделать (v.) – to forge, to counterfeit

Карта Дагестана

купюра (n.) – banknote

иметь (v., impf.) – to have (used only in very formal contexts)

водяной знак (exp.) – watermark

защитный (adj.) – protective

отмечать/отметить (v.) – to note

печатать/напечатать (v.) – to print, to type

банкнота (n.) – banknote

Евросоюз (n.) = **Европейский Союз** – European Union

фальшивый (adj.) – false, fake

распространять/распространить (v.) – to spread, to circulate

почти (adv.) – almost

Money-related words

деньги (n. pl.) – money (always in the plural)

Irregular in the genitive: **нет денег** – no money

рубль (n., m.) – ruble

Use the form **рубля** after 2, 3, 4 and numerals exceeding 20 ending in 2, 3, 4:

e.g. *Тридцать два рубля* – Thirty-two rubles

Use the form **рублей** with all other numbers:

e.g. *Пятнадцать рублей* – Fifteen rubles

There are 100 kopeks in a ruble. The Russian word for kopek is **«копейка»**.

e.g. *одна копейка*
две, три, четыре, 22, 23, 24, etc. копейки
5, 15, etc. копеек

Российские деньги

Вопросы к теме

1. Какую сеть раскрыла полиция в Дагестане и Москве?

2. Что изготовляли преступники?

3. Что отмечают полицейские?

4. Где распространялись фальшивые деньги?

Часть 3. Террористы в Дагестане

Махачкала, столица Дагестана

В столице Дагестана Махачкале у здания суда были взорваны два автомобиля. После первого взрыва пострадавших[1] не было, но через 15 минут, когда на месте ЧП[2] работала оперативная группа, сработало второе взрывное устройство. По предварительной[3] информации, пострадали[4] 39 человек, четверо погибли[5]. Предположительно[6], террористы привели бомбу в действие[7] дистанционно[8].

В регионе в горах и лесах скрывается[9] несколько сотен подобных[10] террористов.

1. casualties
2. emergency situation
3. preliminary
4. were injured
5. died
6. allegedly
7. activated
8. remotely
9. hiding
10. similar

Лексика и грамматика

пострадавший (n.) – an injured person/victim

пострадать (v. perf.) – to be injured, to be wounded

страдать (v. imp) – to suffer

страдание (n.) – suffering

ЧП = **Чрезвычайное положение** (exp.) – emergency situation

предварительный (adj.) – preliminary

погибать/погибнуть (v.) – to die (of natural causes)

Irregular past perfective forms:

погиб/-ла/-ли

предположительно (adv.) – supposedly

предполагать/предположить (v.) – to suppose, to assume

приводить/привести в действие (exp.) – to activate

бомба (n.) – bomb

бомбить/разбомбить (v.) – to bomb

бомбардировщик (n.) – bomber

дистанционно (adv.) – remotely

скрывать(-ся)/скрыть(-ся) (v.) – to hide

Woods and mountains

лес → в лесу → в лесах

гора → на горе → в горах

Numerals between 100 and 900

сто – 100

двести – 200

триста – 300

четыреста – 400

пять/шесть/семь/восемь/девять сот – 500/600/700/800/900

подобный (adj.) – similar

synonym: **похожий**

Вопросы к теме

1. Что случилось в столице Дагестана?

____

____

____

2. Что произошло через 15 минут после первого взрыва?

____

____

____

3. Что известно из предварительной информации?

____

____

____

4. Как террористы привели бомбу в действие?

____

____

____

5. Где скрываются террористы?

____

____

____

Часть 4. В Москве предотвращено[1] несколько терактов

Kutuzovsky Prospekt, named after General Kytyzov, who defeated Napoleon in the Napoleonic Wars

Сотрудники ФСБ[2] провели сразу два задержания исламских экстремистов.

Первый перехват[3] автомобиля произошел на Рязанском шоссе[4]. В машине был находящийся в розыске[5] 38-летний гражданин Таджикистана. В его автомобиле была обнаружена[6] 200-граммовая тротиловая[7] бомба. По оперативной информации, задержанный состоит[8] в террористической организации «Исламский джихад».

Вторую спецоперацию провели на Кутузовском проспекте. Двух преступников арестовали, как только они вышли из белого внедорожника[9] «Мерседес». В багажнике[10] нашли мощное[11] взрывное устройство[12], начиненное[13] болтами[14] и гайками[15]. Задержанными оказались приехавший из Калмыкии и его жена. У преступника конфисковали[16] пистолет ТТ[17] с патронами[18]. Он заявил, что бомбу ему подкинули[19] на заправке[20].

1. prevented
2. Federal Security Service
3. interception
4. highway
5. to be wanted (by police, investigators, etc.)
6. was found
7. TNT
8. is a member of
9. off-road vehicle
10. trunk (of a car)
11. powerful
12. explosive device
13. filled with
14. bolts
15. nuts
16. confiscated
17. semi-automatic pistol
18. bullets
19. planted (drugs, bombs, etc.)
20. gas station

Лексика и грамматика

A major highway linking Moscow to the city of Ryazan

ФСБ (n.) = **Федеральная служба безопасности** – Federal Security Service

сразу (adv.) – at once, simultaneously

перехват (n.) – interception

  перехватывать/перехватить (v.) – to intercept

шоссе (n.) – highway

находящийся – is being (present active participle of **находиться**)

  REMINDER: **они находятся → находя+щий/-щяя/-щие/-щее**

  synonym: **который/-ая/-ое/-ые находит/-ят/-ся**

в розыске (exp.) – in search of/on police "Wanted" list

  находиться в розыске (exp.) – to be on the police "Wanted" list

состоять + **в** + prep. (exp.) – to be a member of an organization

  e.g. *Он состоит в террористической организации*

  HOWEVER: **состоять** + **из** + gen. (exp.) – to consist of

  e.g. *Соглашение состоит из двух частей* – The agreement consists of two parts

внедорожник (n.) – off-road vehicle

багажник (n.) – trunk (of the car)

мощный (adj.) – powerful

взрывное устройство (exp.) – explosive device

начинённый (adj.) – filled with

болт (n.) – bolt

гайка (n.) – nut

оказываться/оказаться (v.) – to turn out to be

обнаружен/-а/-о/-ы – is/are detected

short passive participle of **обнаружить** – to detect, to find

был/-а/-о/-и обнаружен/-а/-о/-и – was/were detected

тротиловый (adj.) – TNT

Калмыкия – Kalmykia, a federal republic of Russia

Карта Калмыкии

конфисковывать/конфисковать (v.) – to confiscate

пистолет ТТ (n.) – TT pistol (a Soviet semi-automatic pistol)

патрон (n.) – bullet

подкидывать/подкинуть (v.) – to plant (drugs, bombs, etc.)

заправка (n.) – gas station

Вопросы к теме

1. Кого задержали сотрудники ФСБ?

2. Кого задержали на Рязанском шоссе?

3. Кого арестовали во время второй спецоперации?

4. Что заявил преступник?

Часть 5. 10 террористов задержали в Москве и Санкт-Петербурге

Торговый центр «Галерея» в Санкт-Петербурге

Как сообщила ФСБ, в группу входили граждане стран Средней Азии. При обыске[1] у них изъяли[2] автоматы[3] и боеприпасы[4]. Задержанные признались[5] в подготовке терактов и подтвердили[6] свою связь с ИГ[7].

Задержанные в Санкт-Петербурге работали таксистами[8] и охранниками[9]. Они планировали[10] взорвать торговые центры «Галерея» и «Академпарк». Террористы из Москвы продавали на строительном[11] рынке сантехнику[12]. В их съёмной[13] квартире были изъяты 3 мощные самодельные[14] бомбы. Связь с питерскими сообщниками[15] они поддерживали[16] по телефону и через Интернет. Главарём[17] всей группировки был религиозный фанатик из Таджикистана.

Спецслужбы установили, что он вёл переговоры[18] с ИГ о переправке[19] своих людей в Сирию. Но ему рекомендовали сначала доказать[20] свою преданность[21] в России. По данным[22] МВД Таджикистана, информацию о террористах они получили после задержания своего гражданина, его брат воюет[23] в Сирии. На основании[24] его показаний[25], совместными[26] усилиями[27] правоохранителей Таджикистана, РФ и Киргизии и были пойманы[28] все бандиты.

1. search
2. confiscated, seized
3. machine guns
4. ammunition
5. confessed
6. confirmed
7. Islamic State (IS)
8. cab drivers
9. security guards
10. planned
11. construction
12. plumbing equipment
13. rented
14. homemade
15. accomplices
16. maintained
17. ring-leader
18. negotiations
19. transporting, smuggling
20. to prove
21. loyalty
22. according to the data
23. is fighting (in the war)
24. on the basis of
25. testimony
26. combined
27. efforts
28. were caught

Лексика и грамматика

обыск (n.) – search (of a suspect)

обыскивать/обыскать (v.) – to search (for a person, apartment, etc.)

при обыске (exp.) = **во время обыска** – during the search

изъять (v., perf.) – to confiscate, to seize

The perfective form **изымать** is rarely used

To say was/were confiscated, use **был/-а/-о/-и изъять/-а/-о/-ы**

автомат (n.) – machine gun

боеприпасы (n. pl.) – ammunition

признаваться/признаться (v.) – to confess, to plead guilty

Автомат

признание (n.) – confession

подтверждать/подтвердить (v.) – to confirm

подтверждение (n.) – confirmation

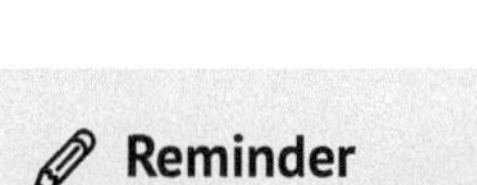

To say to work as/in the capacity of, use **работать** + instr.

e.g. *Он работает инженером* – He works as an engineer

ИГ = **«Исламское государство»** (n.) – Islamic State

таксист (n.) – cab driver

охранник (n.) – security guard

планировать/запланировать (v.) – to plan, to schedule

торговый центр (n.) – commercial center

строить/построить (v.) – to build

стройка (n.) – construction site

строитель (n.) – construction worker

сантехника (n.) – plumbing equipment

сантехник (n.) – plumber

съёмная квартира (n.) – rented apartment

самодельный (adj.) – self-made, improvised, homemade

сообщник (n.) – accomplice

Some real estate-related terms

недвижимость (n.) – real estate

сдавать/сдать дом, квартиру, и т.д. (v.) – to let, to rent out a house, apartment, etc.

снимать/снять дом, квартиру, и т.д. (v.) – to rent a house, apartment, etc.

съёмщик (n.) – tenant

арендовать (v., imf.) – to lease (commercial property)

аренда (n.) – lease (commercial)

хозяин/хозяйка (n. m./f.) – landlord, landlady

квартплата (n.) – monthly rent of an apartment

агент(ство) по продажи недвижимости – real estate agent/agency

поддерживать связь (exp.) – to maintain communication, to stay in contact

главарь (n., m.) – ring-leader

Таджикистан (n.) – Tajikistan

таджик/таджичка/таджики (n.) – a male Tajik, a female Tajik, Tajiks

Карта Таджикистана

вёл – past tense of **вести** (v., imf.) – to conduct, to lead

переговоры (n., pl.) – negotiations

вести/провести переговоры (exp.) – to conduct negotiations

 **Present conjugation of «вести»**

я веду *мы ведём*
ты ведёшь *вы ведёте*
он/она ведёт *они ведут*

 **Past tense conjugation**

вёл (male, singular)
вела (female, singular)
вели (plural)

переправка (n.) – transporting, smuggling

переправлять/переправить (v.) – to transport, to smuggle

доказывать/доказать (v.) – to prove

доказательство (n.) – proof, evidence

преданность (n.) – loyalty

воевать (v., impf.) – to fight (in the war)

воюет (v., 3rd person singular) – is fighting (in the war)

война (n.) – war

военный (adj.) – military

на основании + gen. (exp.) – on the basis of, based on

показания (n., pl.) – testimony

совместный (adj.) – joint

e.g. *совместное предприятие* – joint venture

усилие (n.) – effort

сила (n.) – force

сильный (adj.) – strong

насилие (n.) – violence

Кыргызстан (n.) – Kyrgyzstan

киргизский (adj.) – Kyrgyz

киргиз/-ка (n.) – a Kyrgyz male/female

поймать (v., perf.) – to catch

Imperfective form is **ловить** (v.) – to be in the process of catching

Я ловлю, они ловят...

e.g. *Иван любит ловить рыбу* – Ivan likes to fish

Вчера он поймал акулу – Yesterday he caught a shark

To say "was/were caught," use **был/-а/-о/-и пойман/-а/-о/-ы**

To say “will be caught,” use **будет пойман/-а, будут пойманы**

бандит (n.) – a violent criminal

Вопросы к теме

1. Кого задержали сотрудники ФСБ в Москве и Петербурге?

2. Что изъяли у преступников при обыске?

3. Кем работали задержанные в Петербурге, и что они планировали?

4. Чем занимались террористы из Москвы, и что у них изъяли?

5. Что установили спецслужбы о главаре группировки?

6. Как МВД Таджикистана получило информацию о террористах?

7. Как были пойманы все преступники?

Для информации. О превращении[1] милиции в полицию

Полиция России

10 марта вступил в силу[2] закон «О полиции». Теперь милиционеры называются полицейскими и обязаны[3] носить бейдж[4] с именем и фамилией. Граждане получили право при задержании звонить родственникам не позднее чем через три часа после задержания. При задержании полицейские обязаны зачитывать[5] задерживаемому его права.

10 марта — начало структурной реформы МВД. Одна из её составляющих — переаттестация сотрудников. Те, кто её не пройдут, будут уволены.

Российские полицейские получили новую форму и новую маркировку[6] автомобилей, а также увеличение зарплат. Обращение «господин полицейский» стало обязательным[7].

1. reforming
2. came into effect
3. are obliged
4. badge
5. Miranda rights
6. new car model
7. obligatory, compulsory

Новая форма полицейских

Вопросы к теме

1. Какой закон вступил в силу 10 марта?

2. Какие права получили граждане РФ?

3. Что обязаны делать полицейские по новому закону?

4. Что получили российские полицейские в результате реформы?

Express It In Russian

1. According to the data from the Ministry of Internal Affairs most violent crimes, such as murder and rape, are committed by migrants from the Northern Caucasus and Central Asia regions.

____

____

____

____

2. Some Russians have the opinion that foreign migrants increase the crime rate in the country and take jobs from local people.

____

____

____

3. There is no common CIS database for people with criminal records, so it takes a long time to establish the identity of suspects.

____

____

____

4. The law enforcement specialists arrested the criminals who were printing and disseminating fake EU banknotes in Russia, Ukraine and Belarus.

____

____

____

5. Trained in military camps, terrorists often come to Russia disguised as migrant workers.

____

____

____

6. An improvised explosive device hidden in the trunk of the car was detonated, killing three people.

7. The detained offenders gave confessional testimony about preparing a large-scale terrorist attack.

8. Police conducted raids and questioned the witnesses in many residential areas of the Russian Federation.

9. Two cars exploded near the courthouse in Volgograd but the terrorists remotely detonated the explosive devices.

10. There were no casualties, but 19 people were injured.

11. During the raid, authorities seized machine guns and powerful improvised bombs filled with nuts and bolts.

12. The ringleader of the group confirmed his connections with ISIS.

13. Based on his testimony, all members of the criminal gang and their accomplices were caught.

14. According to the new law that came into affect in March, the police officers must inform those in custody about their rights during arrest.

15. Citizens have the right to call their relatives within three hours after arrest.

Chapter Two Topical Vocabulary

А

автомат (n.) – machine gun

ассимилировать (v., imp.) – to assimilate

Б

багажник (n.) – trunk (of the car)

база данных по + dat. (exp.) – database on

бандит (n.) – a violent criminal

бандитский (adj.) – related to violent crime

банкнота (n.) – banknote

безвизовики (exp. slang) – foreign nationals not requiring a Russian visa to enter the country

боеприпасы – ammunition

болт (n.) – bolt

бомба (n.) – bomb

В

вести/провести переговоры (exp.) – to conduct negotiations

версия (n.) – version

вёл – past tense of **вести** (v., imf.) – to conduct, to lead

взрыв (n.) – explosion, blast

взрывное устройство (exp.) – explosive device

внедорожник (n.) – off-road vehicle

водяной знак (exp.) – watermark

воевать (v., impf.) – to fight (in the war)

восполнять/восполнить (v.) – to compensate for

въезд (n.) – entry

Г

гайка (n.) – nut

главарь (n., m.) – ring-leader

Д

дистанционно (adv.) – remotely

доказывать/доказать (v.) – to prove

Е

евро (n., m.) – euro (non-declinable)

ежемесячно (adv.) – monthly

З

задержанный (n.) – a detainee/someone in custody

задерживать/задержать (v.) – to detain, to arrest

(**не**)**законный** (adj.) – (il)legal

законодательство (n.). – legislation

законспирированный (adj.) – clandestine, disguised

заправка (n.) – gas station

запрос (n.) – inquiry

защитный (adj.) – protective

И

ИГ = **Исламское государство** (n.) – Islamic State

изготовлять/изготовить (v.) – to produce, to manufacture

изнасилование (n.) – a rape

изъять (v., perf.) – to confiscate, to seize

иметь (v., impf.) – to have (used only in very formal contexts)

исполнение (n.) – fulfillment/implementation

исполнитель (n.) – executor, performer

К

квалифицированный (adj.) – qualified, skilled

конкуренция (n.) – competition

конфисковывать/конфисковать (v.) – to confiscate

кроме того (exp.) – besides

купюра (n.) – banknote

Л

лагерь (n. m.) – a (military) camp

личность (n.) – personality

М

масштабный (adj.) – large scale

мероприятие (n.) – measure

миграция (n.) – migration

мнение (n.) – opinion

мощный (adj.) – powerful

мусульманский (adj.) – Muslim

Н

населённый пункт (exp.) – residential area (used in formal contexts)

наиболее (adj.) – the most

находящийся – is being (present active participle of **находиться**)

начинённый (adj.) – filled with

необходимо + inf. (adv.) – (It is) necessary to

нехватка + gen. (n.) – a shortage

низкооплачиваемый (adj.) – lowly paid

О

обеспечивать/обеспечить (v.) – to provide, to ensure

обнаружен/-а/-о/-ы – is/are detected

образованный (adj.) – educated

О

обыск (n.) – search (in legal context)

ограничивать/ограничить (v.) – to limit, to restrict

оказываться/оказаться (v.) – to turn out to be

опрос (n.) – questioning, survey

основа (n.) – foundation, basics

на основании + gen. (exp.) – on the basis of, based on

особый (adj.) – special

отделять/отделить (v.) – to separate

отмечать/отметить (v.) – to note

отнимать/отнять (v.) – to take away

охранник (n.) – security guard

П

патрон (n.) – bullet

переговоры (n., pl.) – negotiations

переправка (n.) – transporting, smuggling

перехват (n.) – interception

печатать/напечатать (v.) – to print, to type

пистолет ТТ (n.) – TT pistol (a Soviet semi-automatic pistol)

планировать/запланировать (v.) – to plan, to schedule

повышать/повысить (v.) – to raise

погибать/погибнуть (v.) – to die (of natural causes)

под видом + gen. (exp.) – under the disguise

поддельный (adj.) – fake, forged

поддерживать/поддержать (v.) – to support

поддерживать связь (exp.) – to maintain communication, to stay in contact

подготовленный (adj.) – trained (Past Passive Participle of **подготовить**)

П

подкидывать/подкинуть (v.) – to plant (drugs, bombs, etc.)

подобный (adj.) – similar

подозреваемый (adjectival noun) – suspect

подтверждать/подтвердить (v.) – to confirm

поймать (v., perf.) – to catch

полученные сведения (exp.) – obtained (received) data

постоянный (adj.) – constant, regular

пострадавший (n.) – an injured person/victim

пока что (exp.) – for the time being, so far

показания (n.) – evidence, testimony (always in the plural)

почти (adv.) – almost

правоохранитель (n.) – law enforcement agent

правоохранительный (adj.) – law enforcement related

преданность (n.) – loyalty

предварительный (adj.) – preliminary

предположительно (adv.) – supposedly

приводить/привести в действие (exp.) – to activate

признаваться/признаться (v.) – to confess, to plead guilty

признательные показания (exp.) – confessional testimony (pleading guilty)

проверка (n.) – verification, check

проводить/провести (v.) – to conduct/to carry out

продолжать/продолжить (v.) – to continue

преступность (n.) – crime

при этом (exp.) – at the same time

путь (n. m.) – pathway, gateway

пытаться/попытаться (v.) – to try

Р

различные (adj.) – various (typically used in the plural)

разрешение на работу (exp.) – work permit

раскрывать/раскрыть (n.) – to disclose, to detect, to solve

раскрытие (n.) – solving (crime, etc.)

распространение (n.) – spreading, proliferation

распространять/распространить (v.) – to spread, to circulate

рассматривается (exp.) – under consideration

в розыске (exp.) – in search of/on police "Wanted" list

русскоязычный (adj.) – Russian speaking

рынок труда (exp.) – labor market

С

самодельный (adj.) – self-made, improvised, homemade

сантехника (n.) – plumbing equipment

сведения (n.) – information, data (typically used in the plural)

связан/-а/-о/-ы + instr (exp.) – connected/linked to...

сдавать/сдать экзамен (exp.) – to take, to pass an exam

сеть (n, f.) – network

скрывать(-**ся**)/**скрыть**(-**ся**) (v.) – to hide

совершённое – committed, past participle of **совершить/совершать** (v.) – to commit

совместный (adj.) – joint

сообщать/сообщить (v.) – to inform

сообщество (n.) – community, organization

сообщник (n.) – accomplice

состоять + **в** + prep, (exp.) – to be a member of an organization

срабатывать/сработать (v.) – to go off (in reference to technical devices)

сразу (adv.) – at once, simultaneously

строгий (adj.) – strict

строить/построить (v.) – to build

судимые лица (exp.) – those with a criminal record

существование (n.) – existence

съёмная квартира (n.) – rented apartment

Т

так или иначе (exp.) – in one way or another

таким образом (exp.) – by doing so

таксист (n.) – cab driver

терроризм (n.) – terrorism

торговый центр (n.) – commercial center

тротиловый (adj.) – TNT

трудовой мигрант (exp.) – labor migrant

(**не**)**трудоспособный** (adj.) – (un)able to work

У

убивать/убить (v.) – to kill, to murder

убийство (n.) – a murder

уголовное преступление (exp.) – criminal offense

ужесточение (n.) – increasing severity

указывать/указать (v.) **на** + acc. – to point to, to indicate

уровень (n., m.) – level

усилие (n.) – effort

устанавливать/установить (v.) – to verify, to establish

установление личности (exp.) – personal verification

устройство (n.) – device, gadget

Ф

фальшивомонетчик (и.) – counterfeiter

фальшивый (adj.) – false, fake

финансирование (n.) – financing

формирование (n.) – entity, formation

ФСБ (n.) – **Федеральная служба безопасности** – Federal Security Service

Ц

цивилизованный (adj.) – civilized

Ч

ЧП = **Чрезвычайное положение** (exp.) – emergency situation

Ш

шоссе (n.) – highway

Geographic Names

Башкортостан (traditionally called **Башкирия**) (n.) – Bashkortostan

Ближний восток (n.) – Middle East

Дагестан (n.) – Dagestan

Евросоюз (n.) = **Европейский Союз** – European Union

Калмыкия (n.) – Kalmykia, a federal republic of Russia

Кыргызстан (n.) – Kyrgyzstan

Поволжье (n.) – the Volga region

Северный Кавказ (n.) – Northern Caucasus

СНГ = **Содружество Независимых Государств** – Commonwealth of Independent States

Таджикистан (n.) – Tajikistan

Татарстан (n.) – Tatarstan

Центральная Азия (n.) – Central Asia

ГЛАВА 3. РЕЛИГИЯ В РОССИИ

ТЕМА 1. РУССКАЯ ПРАВОСЛАВНАЯ[2] ЦЕРКОВЬ

Сергиев Посад

Россия — многонациональная[3] страна и поэтому в ней существует[4] много религий, но наиболее распространённой является[5] православие. В 988 г. князь[6] Владимир обратил[7] в христианство[8] жителей[9] Киева. В 1988 г. страна отмечала[10] тысячелетие[11] принятия христианства.

Город Сергиев Посад – центр русского православия. На его территории находятся резиденция[12] Патриарха[13] (главы Русской Православной Церкви).

Самый большой православный праздник[14] – Пасха[15]. Рождество[16] празднуется[17] не 25-го декабря, а седьмого января, потому что Православная Церковь живёт по Юлианскому календарю[18]. В этот день верующие поздравляют[19] друг друга, говоря «С Рождеством Христовым!».

Князь Владимир

В 1993 г. Рождество стало государственным праздником.

1. Religion
2. Orthodox
3. multinational
4. exist
5. is (formal use)
6. prince
7. converted
8. Christianity
9. residents
10. celebrated
11. millennium
12. residency
13. patriarch (head of the Russian Orthodox Church)
14. holiday
15. Easter
16. Christmas
17. is celebrated
18. Julian calendar (Old Church calendar)
19. congratulated

В России в 2008 г. по инициативе[20] супруги[21] бывшего президента Светланы Медведевой появился[22] новый праздник — День семьи, любви и верности. Этот праздник является русским аналогом западного Дня св. Валентина[23] и празднуется 8 июля, когда Церковь отмечает память[24] святых[25] Петра и Февронии Муромских[26]. Святые Петр и Феврония считаются покровителями[27] семьи и брака[28]. Они прожили долгую счастливую семейную жизнь и показали пример[29] настоящей любви и супружеской[30] верности.

Храмы[31], многие из которых долгое время были музеями в годы советской власти[32], опять принадлежат[33] Православной Церкви. Открываются воскресные школы[34], люди венчаются[35] в церкви и крестят[36] своих детей. По последним данным, более семидесяти процентов россиян считают себя православными.

20. by the initiative of
21. female spouse
22. appeared
23. St. Valentine's Day
24. memory
25. saints
26. from the city of Муром
27. patrons
28. marriage
29. example
30. conjugal
31. temples
32. Soviet power
33. belong
34. Sunday schools
35. have church weddings
36. baptized

Петр и Феврония

Лексика и грамматика

религия (n.) – religion

религиозный (adj.) – religious

православный (adj.) – Orthodox

православие (n.) – Orthodoxy

церковь (n. f.) – church

NOTE: irregular plural – **церкви**

церковный (adj.) – church-related

e.g. *церковный календарь* – church calendar

собор (n.) – cathedral

многонациональный (adj.) – multinational

национальность (n. f.) – nationality

по национальности (exp.) – by nationality

поэтому (conj.) – therefore, that is why

наиболее (comparative adverb) = **самый** (adj.) – the most

распространённый (adj.) – widespread

распространение (n.) – spreading, dissemination

распространять/распространить (v.) – to spread, to disseminate

является/являются (exp.) – is/are (formal use only)

князь (n.) – prince

княгиня (n.) – princess

обращать/обратить в + acc. (v.) – to convert somebody to a religion

житель/-ница (n.) – resident (m/f)

отмечать/отметить (v.) – to celebrate, to mark

тысячелетие (n.) – millennium

принятие (n.) – acceptance, adoption (of a religion)

резиденция (n.) – residence

Патриарх (n.) – Patriarch (the Head of the Russian Orthodox Church)

Пасха (n.) – Easter

Рождество (n.) – Christmas

Юлианский календарь (exp.) – Julian calendar (Old Church calendar)

Some religion-related expressions

обращать/обратить в + acc. is used when somebody converts others to another religion.

e.g. *Владимир обратил славян в христианство* – Vladimir converted the Slavs to Christianity

When a person makes his/her own decision to join a religion, use the verb **принимать/принять** + acc., literally meaning "to accept"

e.g. *Нина приняла христианскую веру* – Nina accepted the Christian religion

The verb **стать** + instr. also expresses the same idea

e.g. *Иван стал буддистом* – Ivan became a Buddhist

To describe changing religions, use the verb **переходить/перейти**

e.g. *Екатерина Вторая перешла из лютеранства в православие.*
Catherine the Second converted from the Lutheran church to the Orthodox church.

христианство (n.) – Christian

христианский (adj.) – Christian

христианин (n.) – male Christian

христианка (n.) – female Christian

христиане (pl.) – Christians

верующий (adjectival noun) – believer

поздравлять/поздравить (v.) – to congratulate

говоря (imperfective gerund of **говорить**) – saying

Many verbs form imperfective gerunds by adding **-я** to the infinitive of the verb

e.g. *читая* – (while) reading

изучая – (while) studying

С Рождеством Христовым (exp.) – Merry Christmas

появляться/появиться (v.) – to appear

праздник (n.) – holiday

верность (n. f.) – loyalty, fidelity

святой/-ая/-ые (n.) – saint (m/f/pl)

память (n. f.) – memory

покровитель/-ница – patron saint (m/f)

брак (n.) – marriage

супружеский (adj.) – conjugal

  супруг/-а (n.) – spouse

храм (n.) – temple

советская власть (exp.) – Soviet power

принадлежать + dat. (v., impf.) – to belong

воскресная школа (exp.) – Sunday school

венчаться/обвенчаться (v.) – to have a church wedding

  венчание (n.) – a church wedding

крестить/окрестить (v.) – to baptize, to christen

по последним данным (exp.) – according to the latest data

Вопросы к теме

1. Почему в России много религий?

____

____

____

____

____

2. Какая религия наиболее распространённая в России?

____

____

____

____

____

3. Когда Россия приняла христианство?

____

____

____

____

____

4. Чем известен город Сергиев Пасад?

____

____

____

____

____

____

5. Какой самый большой православный праздник?

6. Когда празднуется Рождество в России и почему?

7. Какой праздник отмечается 18 июля?

8. Какие изменения (changes) произошли в религиозной жизни России за последние годы?

ТЕМА 2. ИСЛАМ В РОССИИ

Мечеть в Татарстане

В целом[1] за последние 15 лет славян, принявших ислам, в России не более 10 тыс. человек, большинство женщины.

При этом важно заметить, что из 10 000 славян, принявших ислам, только каждый десятый[2] исповедует[3] традиционный ислам. Большинство вербуется[4] ваххабитами[5] радикальными исламскими экстремистами, которые вербуют славян для проведения терактов. Именно так называемые[6] «русские мусульмане» совершают сейчас больше всего преступлений террористического характера.

Большинство славян, завербованных ваххабитами в России, – украинцы. Именно ваххабиты убивают на Кавказе лидеров традиционного, мирного ислама.

Есть и другая цифра[7] – 2 млн человек, имеющих[8] исламские корни[9], приняли православие. А в целом в России в рядах[10] Русской Православной Церкви около 500 священников с мусульманскими корнями.

1. on the whole
2. tenth
3. profess
4. are recruited
5. Wahhabi
6. so-called
7. number, digit
8. who have
9. roots
10. in the ranks

Лексика и грамматика

в целом (exp.) – on the whole, in general

славянин/славянка (n.) – Slav (m/f)

принявших = **которые приняли** – who adopted (past active participle of **принять**)

большинство (n.) – the majority

исповедовать (v., imf.) – to profess, to practice

вербовать/завербовать (v.) – to recruit

завербованный (adj.) – recruited

ваххабит (n.) – Wahhabi

мечеть (n. f.) – mosque

так называемый (exp.) – to be so called

цифра (n.) – number

имеющих – having (present active participle of **иметь**, a formal usage of "to have")

Delete **-ть**, add **-щий/-яя/-ее/-ие** to form present active participles of many verbs

корень (n. m.) – root

NOTE: irregular plural **корни** – roots

Вопросы к теме

1. Сколько человек в России приняли ислам в последние годы?

2. Сколько из них исповедует традиционный, мирный ислам?

3. Кто вербует российских мусульман и для чего?

4. Что делают ваххабиты на Кавказе?

5. Сколько россиян с исламскими корнями перешли в православие за последние годы?

Express It In Russian

1. Orthodoxy is the most widespread religion in the Russian Federation.

2. Prince Vladimir converted the residents of Kiev to Christianity.

3. Easter is the most important holiday in the Russian Orthodox Church.

4. Christmas is celebrated on the 7th of January in Russia.

5. During the years of Soviet Power many churches and cathedrals were closed and used as museums.

6. Now many Russians get married in churches and christen their children.

7. Seventy percent of Russians consider themselves Orthodox Christians.

8. In recent years 10 000 Russians adopted Islam.

9. The so-called Russian Muslims commit the majority of terrorist acts and kill the leaders of traditional, peaceful Islam in the Caucasus.

10. However, 2 million Russian Muslims became Orthodox Christians.

11. There are 500 Russian Orthodox priests who have Islamic roots.

Chapter Three Topical Vocabulary

Б

большинство (n.) – the majority

брак (n.) – marriage

В

ваххабит (n.) – Wahhabi

венчаться/обвенчаться (v.) – to have a church wedding

вербовать/завербовать (v.) – to recruit

верность (n. f.) – loyalty, fidelity

верующий (adjectival noun) – believer

воскресная школа (exp.) – Sunday School

Ж

житель/-ница (n.) – resident (m/f)

И

имеющих – having (present active participle of **иметь**, a formal usage of "to have")

исповедовать (v., imf.) – to profess, to practice

К

князь (n.) – prince

корень (n. m.) – root

крестить/окрестить (v.) – to baptize, to christen

М

мечеть (n. f.) – mosque

многонациональный (adj.) – multinational

Н

так называемый (exp.) – the so called

наиболее (comparative adverb) = **самый** (adj.) – the most

О

обращать/обратить в + acc (v.) – to convert somebody to a religion

отмечать/отметить (v.) – to celebrate, to mark

П

память (n. f.) – memory

Пасха (n.) – Easter

Патриарх (n.) – Patriarch (the Head of the Russian Orthodox Church)

поздравлять/поздравить (v.) – to congratulate

покровитель/-ница – patron saint (m/f)

по последним данным (exp.) – according to the latest data

поэтому (conj.) – therefore, that is why

появляться/появиться (v.) – to appear

Православие (n.) – Orthodoxy

Православный (adj.) – Orthodox

праздник (n.) – holiday

принадлежать + dat. (v., impf.) – to belong

принявших = **которые приняли** – who adopted (past active participle of **принять**)

принятие (n.) – acceptance, adoption (of a religion)

Р

распространённый (adj.) – widespread

резиденция (n.) – residence

религия (n.) – religion

Рождество (n.) – Christmas

С Рождеством Христовым (exp.) – Merry Christmas

С

святой/-ая/-ые (n.) – saint (m/f/pl)

славянин/славянка (n.) – Slav (m/f)

собор (n.) – cathedral

советская власть (exp.) – Soviet power

супружеский (adj.) – conjugal

Т

тысячелетие (n.) – millennium

Х

храм (n.) – temple

Ц

в целом (exp.) – on the whole, in general

Церковь (n. f.) – church

цифра (n.) – number

Ю

Юлианский календарь (exp.) – Julian calendar (Old Church calendar)

Я

является/являются (exp.) – is/are (formal use only)

ГЛАВА 4. КУЛЬТУРА

Тема 1. Новости Российской Культуры

Часть 1. Театр балета Бориса Эйфмана открывает новый сезон

Лексика и грамматика

- **Some ballet-related terms**

Вопросы к теме

Часть 2. Вернисаж в галерее «Наши художники»

Вопросы к теме

Часть 3. Что читают россияне?

Вопросы к теме

Тема 2. Российско-американские культурные связи

Часть 1. Фильм «Моя Перестройка»

Лексика и грамматика

Вопросы к теме

Часть 2. Американские студенты-танцовщики вернулись из Большого театра с новыми представлениями о России

Лексика и грамматика

- **Past active participles**
- **Expressions related to seasons**
- **Past passive participles**
- **Superlative adjectives**

Вопросы к теме

Express It In Russian

Chapter Four Topical Vocabulary

ТЕМА 1. НОВОСТИ РОССИЙСКОЙ КУЛЬТУРЫ

Балет «Красная Жизель»

Часть 1. Театр балета Бориса Эйфмана открывает новый сезон

Санкт-Петербургский государственный академический театр балета Бориса Эйфмана открыл новый сезон. В последний месяц лета жители и гости Петербурга смогли увидеть две интерпретации[1] русской классики – «Анну Каренину» и новую редакцию «Братьев Карамазовых»[2].

Эти спектакли[3] труппа[4] показала иностранным зрителям[5] во время гастролей[6] в Чехии, Словакии, Франции и США. «Анну Каренину» труппа исполнила[7] в сентябре в Монако, на сцене[8] Grimaldi Forum в Монте-Карло, а весной во время тура по городам Канады. В России труппа приняла участие[9] в Транссибирском[10] арт-фестивале.

В апреле на сцене Венской[11] народной оперы Борис Эйфман поставил[12] свою знаменитую «Красную Жизель» – балет о судьбе[13] легендарной[14] балерины Ольги Спесивцевой.

Артисты Бориса Эйфмана приняли участие в гала-концерте Kremlin Gala «Звезды[15] балета XXI века», который ежегодно проходит на сцене Государственного Кремлевского дворца.

1. artistic adaptation
2. stage version
3. performances
4. (ballet) troupe
5. audience
6. artistic tour
7. performed
8. on the stage
9. took part
10. Trans Siberian
11. Viennese
12. staged
13. destiny
14. legendary
15. stars

Лексика и грамматика

интерпретация (n.) – (artistic) interpretation

интерпретировать (v., imp.) – to (artistically) interpret

NOTE: to interpret from one language to another, use **переводить/перевести**. The linguistic term for interpretation is **перевод**.

редакция (n.) – a stage version

Translates as "editorial board" in publishing context

редактор (n.) – editor

редактировать/отредактировать (v.) – to edit

спектакль (n., m.) – performance, show

труппа (n.) – ballet troupe

зритель (n.) – spectator, audience member

To say "audience" in a collective sense, use **зрители**

гастроли (n., pl.) – concert tour (always in the plural)

e.g. *Театр на гастролях в Москве* – The theater company is on tour in Moscow

исполнять/исполнить (v.) – to perform

сцена (n.) – stage, scene

e.g. *сцена театра* – the stage of the theatre

сцена из спектакля – a scene from the show

принимать/принять участие (exp.) – to take part

Транссибирский (adj.) – Trans Siberian

e.g. *Транссибирская железная дорога* – The Trans Siberian Railroad

венский (adj.) – Viennese

Вена (n.) – Vienna

ставить/поставить (v.) – to stage, to produce

постановка (n.) – production

Some ballet-related terms

балет (n.) – ballet

балетный (adj.) – ballet-related

балерина (n.) – female ballerina

танцор балета (n.) – male ballet dancer

судьба (n.) – fate, destiny

легендарный (adj.) – legendary

легенда (n.) – legend

проходить/пройти (v.) – to take place

e.g. *Балет с успехом прошёл в Большом театре.*
The ballet was a success at the Bolshoi Theater.

кремлёвский (adj.) – Kremlin-related

дворец (n.) – palace

NOTE: the irregular plural **дворцы**

Государственный Кремлёвский дворец (n.) – The State Kremlin Palace, a famous concert hall situated on the Kremlin grounds

звезда (n.) – star

NOTE: the irregular plural **звёзды**

Государственный Кремлёвский дворец

Вопросы к теме

1. Какой театр открыл новый сезон в Петербурге?

2. Какие новые спектакли смогли увидеть зрители Санкт-Петербурга?

3. Куда ездила на гастроли труппа Театра балета Бориса Эйфмана?

4. Какой балет Борис Эйфман поставил в Вене?

5. В каком ежегодном концерте артисты театра балета приняли участие в Кремле?

Часть 2. Вернисаж в галерее «Наши художники»

Третьяковская галерея

В галерее «Наши художники» на Рублёво-Успенском шоссе состоялся вернисаж[1] художника Димы Ракитина.

Художник с псевдонимом[2] Dima родился в Москве в 1961 году в семье специалиста по русскому авангарду Василия Ракитина. С конца 1985 года он жил в Германии, теперь работает в Париже. У него уже прошло 15 персональных выставок[3], в том числе[4] и в Русском музее, и в Музее архитектуры Москвы. Деятельность[5] галереи направлена[6] на возвращение[7] на родину художников русского зарубежья[8].

«Он существует[9] вне[10] времени и вне каждодневной[11] жизни, у него свой специфический взгляд на то, что нас окружает[12]», – пояснила[13] хозяйка галереи.

1. opening of a personal art exhibition
2. pen name, pseudonym
3. exhibitions
4. including
5. activities
6. aimed at
7. bringing back
8. abroad
9. exists
10. outside of
11. everyday
12. surrounds
13. explained

Вопросы к теме

1. Какой вернисаж состоялся в галерее «Наши художники»?

2. Где и в какой семье родился Дима?

3. Где он жил раньше и где работает сейчас?

4. Где прошли персональные выставки Димы Ракитина?

5. Но что направлена деятельность галереи «Наши художники»?

6. Что говорит о стиле Димы хозяйка галереи?

Часть 3. Что читают россияне?

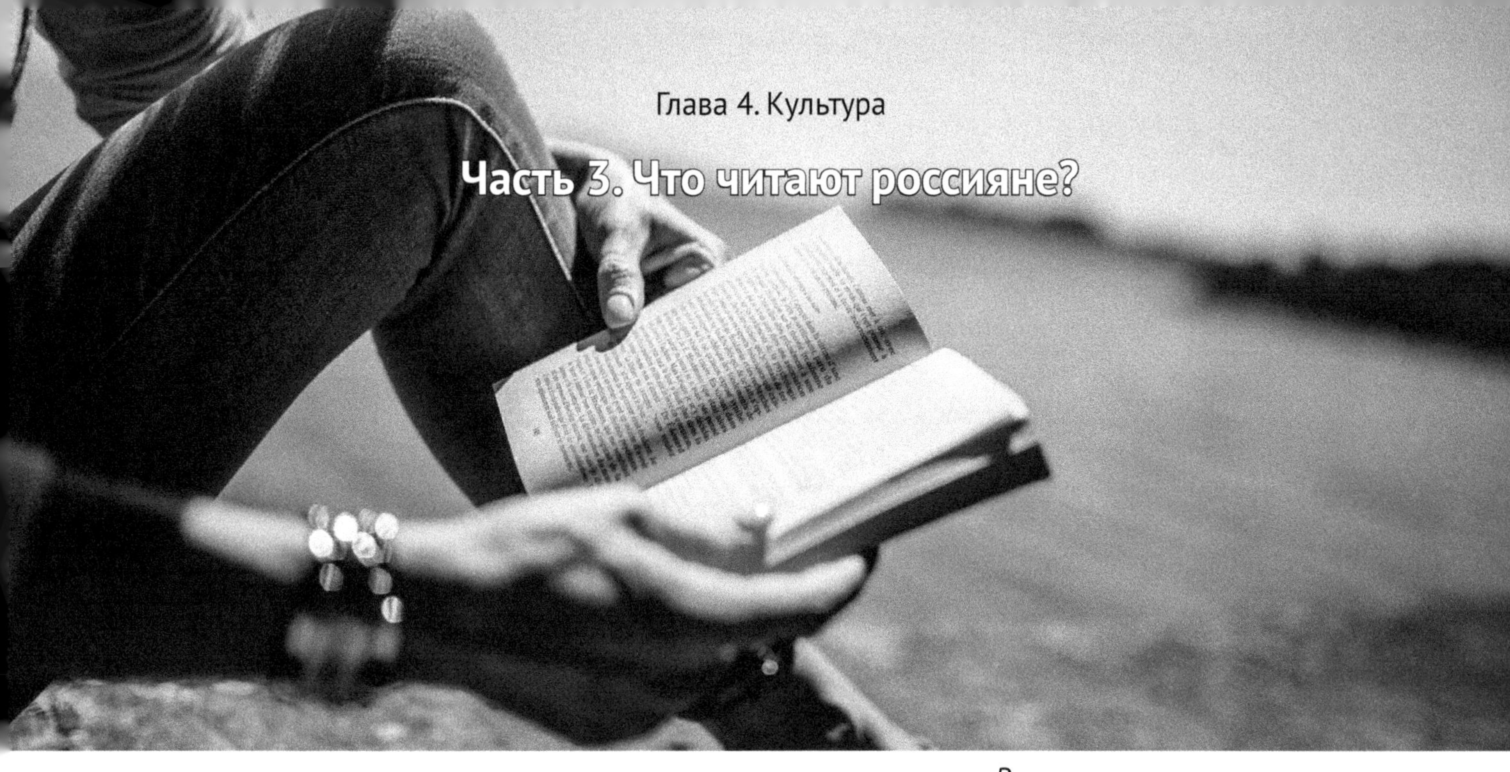

Россиянка читает книгу в отпуске

Более трети[1] россиян не читают книг вообще[2], а детям читает только каждый десятый, сообщила президент Российской академии образования[3] Людмила Вербицкая. В 2016 г. 35% россиян не прочитали ни одной книги. У читателей[4] на 1-м месте детективы[5], на 2-м – фантастика[6], на 3-м – классические и исторические романы[7]. Поэзия[8] – на последнем месте.

Прошли те времена, когда книга была лучшим подарком. 12% опрошенных[9] читают электронные книги. За четверть[10] века число книжных магазинов сократилось[11] с 8500 до 1200. Их в два раза меньше, чем городов и посёлков в России. Снова привить[12] любовь к книгам решило Минэкономразвития. Книжный рынок поддержат[13] 13 млрд. бюджетных рублей. Этой суммы[14] хватит на открытие почти 6 тыс. книжных минимаркетов.

Soviet poster from the '30s promoting literacy

1. third
2. at all
3. education
4. readers
5. mystery novels
6. science fiction
7. novels
8. poetry
9. respondents
10. quarter
11. reduced
12. to instill
13. will support
14. amount

Вопросы к теме

1. О чём сообщила президент Российской Академии Образования?

2. Какую литературу читают россияне?

3. Какая ситуация с книжными магазинами в РФ?

4. Что решило Минэкономразвития РФ?

ТЕМА 2. РОССИЙСКО-АМЕРИКАНСКИЕ КУЛЬТУРНЫЕ СВЯЗИ

Робин Хессман

Часть 1. Фильм «Моя Перестройка»

Свою форму работы Робин Хессман считает мощным[1] средством[2] культурной дипломатии[3] и взаимопонимания[4]. Последняя работа Хессман – фильм «Моя перестройка», который был показан[5] на кинофестивале[6] «Сандэнс» в Парк-Сити, штат Юта.

Слово «перестройка» описывает[7] реструктуризацию[8] советской политической и экономической системы при помощи реформ, начатых[9] в 1987 году бывшим[10] советским руководителем[11] Михаилом Горбачевым.

Главные действующие лица[12] фильма – Боря и Люба Мейерсон – росли по соседству[13] друг с другом в Москве. Сейчас оба преподают историю в московской школе № 57.

Мейерсоны пригласили Хессман к себе домой, на работу, познакомили[14] с жизнью своего девятилетнего сына и с некоторыми своими бывшими одноклассниками[15]. Робин комбинирует[16] интервью с Мейерсонами и тремя их одноклассниками, кадры[17] из любительских[18] фильмов, и фрагменты[19] правительственных пропагандистских[20] фильмов, чтобы передать[21] всю сложность[22] жизни своих героев.

1. powerful
2. means
3. diplomacy
4. mutual understanding
5. was shown
6. film festival
7. describes
8. restructuring
9. initiated by
10. former
11. leader
12. characters
13. neighborhood
14. familiarized with
15. classmates
16. combines, integrates
17. footage
18. amateur
19. segments
20. propagandistic
21. to convey
22. complexity

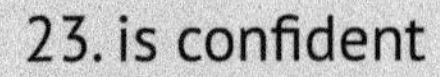

Хессман была совершенно уверена, что её фильм может изменить взгляды людей, разрушить[24] стереотипные[25] представления[26] о жизни в Советском Союзе и о том, как живут в современной[27] России.

Хессман также хочет рассказывать россиянам об американской жизни и культуре. С 2006 года она курирует Американский кинофестиваль («Амфест») в Москве.

При частичной[29] поддержке[30] посольства[31] США в Москве, она привозит в Россию американские фильмы, среди которых много документальных. На фестиваль приезжают американские режиссёры[32] и проводят дискуссии с аудиторией[33]. Робин хотела бы расширять[34] «Амфест», чтобы он охватывал[35] более широкую аудиторию.

23. is confident
24. destroyed
25. stereotypical
26. views
27. contemporary
28. is in charge of
29. partial
30. support
31. embassy
32. artistic directors
33. film directors
34. to expand
35. to cover

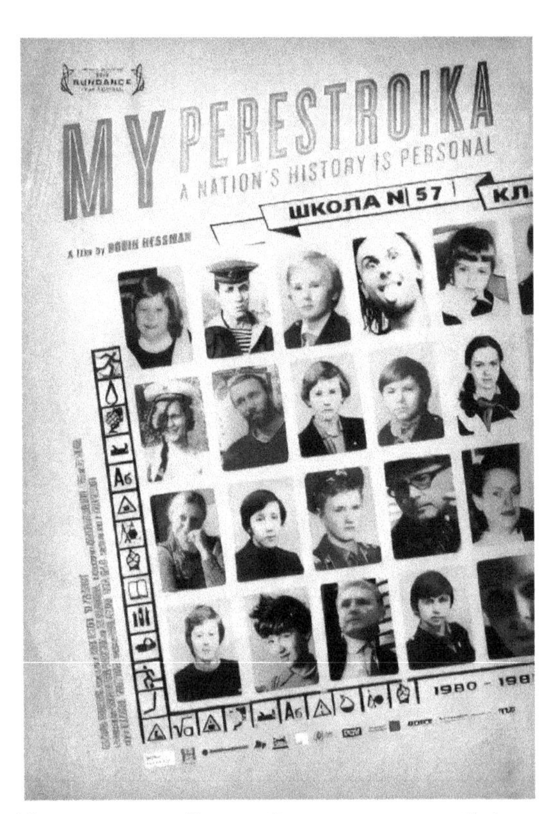

«Моя перестройка» – документальный фильм

Лексика и грамматика

мощный (adj.) – powerful

мощь (n., f.) – power, might

дипломатия (n.) – diplomacy

дипломат (n.) – diplomat

дипломатический (adj.) – diplomatic

взаимопонимание (n.) – mutual understanding

показывать/показать (v.) – to show

To say "was/were shown", use **был/-а/-о/-ы показан/-а/-о/-ы**

To say "will be shown," use **будет показан/-а/-о** (in the singular), and **будут показаны** (in the plural)

кинофестиваль (n., m.) – film festival

описывать/описать (v.) – to describe

реструктуризация (n.) – restructuring

реструктуризовать (v., imp.) – to restructure

при помощи (exp.) – with the help of

реформа (n.) – reform

реформировать (v., imp.) – to reform

начатых – started by (past passive participle of **начать**)

начать → начатый/-ая/-ое/-ый

бывший (adj.) – former

руководитель (n., m.) – leader

руководить (v., imf.) – to lead

Я руковожу,... они руководят

действующие лица (exp.) – characters (in a book, film, etc.)

по соседству (exp.) – in the same neighborhood

знакомить/познакомить (v.) с + instr. – to familiarize with

знакомый (adj.) – familiar

одноклассник (n.) – a (male) classmate from grade school

одноклассница (n.) – a female classmate from grade school

To describe a person who went to college with, use **сокурсник/сокурсница**

комбинировать (v., imp.) – to combine

кадр (n.) – footage

любительский (adj.) – amateur, unprofessional

фрагменты (n.) – segment

пропагандистский (adj.) – propagandistic, biased

передавать/передать (v.) – to convey

сложность (n., f.) – complexity

сложный (adj.) – complex

уверен/-а/-о/-ы – sure, confident (short past participle)

разрушать/разрушить (v.) – to destroy, to break

разрушение (n.) – destruction

разрушительный (adj.) – destructive

стереотипный (adj.) – stereotyped

представление (n.) – idea, concept

современный (adj.) – contemporary, modern

курировать (v., imp.) – to be in charge, to coordinate

Я курирую, etc.

частичный (adj.) – partial

часть (n., f.) – a part

<u>**HOWEVER**</u>, **частный** (adj.) means "private"

поддержка (n.) – support

при поддержке (exp.) – with the support

поддерживать/поддержать (v.) – to support

посольство (n.) – embassy

посол (n.) – ambassador

режиссёр (n.) – artistic director/producer

аудитория (n.) – members of the audience

расширять/расширить (v.) – to expand, to widen

охватывать/охватить (v.) – to cover

Вопросы к теме

1. Как называется последний фильм Робин Хессман?

___

___

2. Что значит слово «перестройка»?

___

___

3. О чём рассказывает этот фильм?

___

___

4. Какая цель фильма?

___

___

___

5. Какой фестиваль курирует Робин Хессман в Москве?

___

___

___

6. Что происходит во время этого фестиваля?

___

___

___

7. Что Вы думаете о роли культурной дипломатии в наше время?

___

___

___

Часть 2. Американские студенты-танцовщики[1] вернулись из Большого театра с новыми представлениями[2] о России

Большой театр

Десять американских студентов, изучавших[3] балет в Московской государственной академии хореографии[4], вернулись в США после летней[5] интенсивной программы Балетной академии Большого театра, организованной[6] Российско-американским фондом[7] (РАФ). Инициатива Большого театра получила финансовую[8] поддержку от стипендиальной[9] программы Государственного департамента США.

Многие американские студенты в программе Балетной академии Большого раньше изучали русский балет в Соединенных Штатах и были очень рады побывать[10] в стране с одной из старейших[11] и наиболее престижных[12] балетных академий. Полностью[13] оплаченная[14] поездка в Москву с 17 июля по 28 августа включала[15] 2,5 часа балетных классов и 2,5 часа уроков русского языка каждый день.

Балетные классы проводились преподавателями Балетной академии Большого театра по-русски, чтобы американские студенты могли совершенствовать[16] свои языковые навыки[17]. Американские студенты рассказали, что обучение[18], которое они прошли, помогло им в огромной степени[19] усовершенствовать свою технику[20].

1. male ballet dancers
2. views, concepts
3. who studied
4. choreography
5. summer
6. organized by
7. fund
8. financial
9. grant awarding
10. to visit
11. oldest
12. prestigious
13. fully
14. paid
15. included
16. improved
17. skills
18. training
19. to a large extent
20. technique

Хотя[21] студенты жили в общежитии Академии, выходные они проводили в российских семьях.

Культурная программа включала в себя экскурсии по многочисленным[22] достопримечательностям[23] Москвы.

Студенты также посетили Московский академический музыкальный театр имени[24] Станиславского, где они смотрели балет «Дон-Кихот» с хореографией Мариуса Петипа.

21. although
22. numerous
23. sites
24. named after

Балет «Дон-Кихот»

Лексика и грамматика

представление (n.) – idea, concept

представлять/представить (v.) – to imagine

воображение (n.) – imagination

изучавших – who studied (past active participle of **изучить**)

Past active particples

Non-existant in the English language, they are typically translated as a phrase containing "who" followed by the verb in the past tense. They are formed by adding «**-вший/-вшая/-вшие**» to the stem of the verbal infinitive

e.g. *Студенты, изучавшие балет в Москве.*
Students who studied ballet in Moscow.

Past Active Participles decline as adjective agreeing with the nouns that they modify in number, gender, and case.

хореография (n.) – choreography

хореограф (n.) – choreographer

Similar to **фотография – фотограф**; photography – photographer; **география – географ**; geography – geographer

летний (adj.) – summer-related

e.g. *летняя программа* – summer program

Expressions related to seasons

зима (winter)	зимний (adj.) e.g. *зимнее пальто*	зимой (wintertime) e.g. *зимой холодно*
весна (spring)	весенний (adj.) e.g. *весенняя погода*	весной (springtime) e.g. *весной тепло*
лето (summer)	летний (adj.) e.g. *летняя рубашка*	летом (summertime) e.g. *летом жарко*
осень (f.) (fall)	осений (adj.) e.g. *осенняя природа*	осенью (in the fall) e.g. *осенью идёт дождь*

организованной – organized by (Past Passive Participle of **организовывать**)

Past passive participles

1. Using the perfective form, delete **–л**
2. Add **-нный/-нная/-нные**

    e.g.**написать → написал → написанный/-ая/-ое/-ые** – written

With some verbs with infinitive endings in **-ить,** form Past Passive Participles by adding **-енный/-енная/-енное/-енные**

e.g. **купить → купил → купленный/-ая/-ое/-ые**

фонд (n.) – fund, foundation

финансовый (adj.) – financial

финансы (n.) – finances

финансировать/профинансировать (v.) – to finance

стипендиальный (adj.) – grant awarding

стипендия (n.) – grant, stipend

бывать/побывать (v.) + prep. – to visit (a place)

synonym: **посещать/посетить** + **acc**.

e.g. *Он побывал в Москве*

HOWEVER *Он посетил Москву*

старейший (adj.) – to oldest, superlative form of **старый**

Superlative adjectives

Some adjectives form superlatives by adding the endings **-ейший/-ейшая/-ейшее/-ейшие** to the stem of the adjectives

e.g. **интереснайший/-ая/-ее/-ие** – the most interesting

You can also put **самый/-ая/-ое/-ые** or **наиболее** before the adjective

e.g. **самый/наиболее интересный фильм**

To say "the least," use **наименее**

e.g. *наименее интересная книга*

оплаченный (adj.) – (fully) paid, a Past Passive Participle of **оплатить**

оплачивать/оплатить (v.) – to pay (in full)

оплата (n.) – payment

включать/включить (v.) – to include

It also means to turn on appliances

e.g. *включить телевизор* – to turn on a TV set

совершенствовать/усовершенствовать (v.) – to improve, to perfect

навыки (n., pl.) – skills

языковые навыки (exp.) – language skills

обучение (n.) – training

в огромной степени (exp.) – to a large extent

техника (n.) – technique

<u>HOWEVER</u> **технология** (n.) – technology

хотя (conj.) – although (no relation to the verb **хотеть**)

многочисленные (adj. pl.) – numerous, multiple

достопримечательность (n.) – landmark, place for sightseeing

имени + gen. (exp.) – named after

e.g. *Театр имени Пушкина* – The Pushkin Theatre

Театр имени Пушкина

Вопросы к теме

1. Куда ездили американские студенты?

2. Кто финансировал поездку?

3. Где проходила программа?

4. Что включало обучение в Москве?

5. Что студенты рассказали о поездке?

6. Где студенты проводили выходные дни?

7. Какую культурную программу организовала Балетная Академия?

Express It In Russian

1. The St. Petersburg Opera and Ballet Theatre has opened a new season.

2. During tours abroad the troupe of the Bolshoi Theatre performed a new adaptation of the ballet Anna Karenina.

3. The artists of the Bolshoi Theatre will take part in the annual concert on the Kremlin Palace stage.

4. The Russian-American Foundation organized a summer intensive program for the U.S. students at the Ballet Academy of Moscow.

5. The fully paid trip to Moscow received financial support from the State Department.

6. The training at the Ballet Academy helped the students to perfect their ballet technique as well as their language skills.

7. The cultural program included many sightseeing tours of Moscow.

8. Robin Hessman's latest documentary was shown at the film festival in Utah.

9. The U.S. artistic director wanted to change stereotypical views about life in the Soviet Union and modern Russia in her film.

10. In order to teach the Russian audience about American culture, she organized an American Film Festival in Moscow.

11. With support of the U.S. Embassy in Moscow, Robin brings American documentaries to Russia and organizes discussions with the filmmakers.

12. Her work is an important means of cultural diplomacy and mutual understanding between the Russian Federation and the United States.

13. The gala opening of the personal exhibit of the Russian artist Rakitin took place at the Moscow Museum of Architecture.

14. Russian readers prefer mystery and science fiction novels.

15. The number of book stores in Russia has gone down considerably.

Chapter Four Topical Vocabulary

А

аудитория (n.) – members of the audience

Б

бывать/побывать (v.) + prep. – to visit (a place)

бывший (adj.) – former

В

в огромной степени (exp.) – to a large extent

венский (adj.) – Viennese

взаимопонимание (n.) – mutual understanding

включать/включить (v.) – to include

воображение (n.) – imagination

Г

гастроли (n., pl.) – concert tour (always in the plural)

Государственный Кремлёвский дворец (n.) – The State Kremlin Palace, a famous concert hall situated on the Kremlin grounds

Д

дворец (n.) – palace

действующие лица (exp.) – characters (in a book, film, etc.)

дипломатия (n.) – diplomacy

достопримечательность (n.) – landmark, place for sightseeing

З

звезда (n.) – star

знакомить/познакомить (v.) с + instr. – to familiarize with

зритель (n.) – spectator, audience member

И

имени + gen. (exp.) – named after

интерпретация (n.) – (artistic) interpretation

исполнять/исполнить (v.) – to perform

К

кадр (n.) – footage

кинофестиваль (n., m.) – film festival

комбинировать (v., imp.) – to combine

кремлёвский (adj.) – Kremlin-related

курировать (v., imp.) – to be in charge, to coordinate

Л

легендарный (adj.) – legendary

летний (adj.) – summer-related

любительский (adj.) – amateur, unprofessional

М

многочисленные (adj. pl.) – numerous, multiple

мощный (adj.) – powerful

Н

навыки (n., pl.) – skills

О

обучение (n.) – training

одноклассник (n.) – a (male) classmate from grade school

описывать/описать (v.) – to describe

оплачивать/оплатить (v.) – to pay (in full)

охватывать/охватить (v.) – to cover

П

передавать/передать (v.) – to convey

по соседству (exp.) – in the same neighborhood

поддержка (n.) – support

показывать/показать (v.) – to show

посольство (n.) – embassy

представление (n.) – idea, concept

при помощи (exp.) – with the help of

принимать/принять участие (exp.) – to take part

пропагандистский (adj.) – propagandistic, biased

проходить/пройти (v.) – to take place

Р

разрушать/разрушить (v.) – to destroy, to break

расширять/расширить (v.) – to expand, to widen

редакция (n.) – a stage version

режиссёр (n.) – artistic director/producer

реструктуризация (n.) – restructuring

реформа (n.) – reform

руководитель (n., m.) – leader

С

сложность (n., f.) – complexity

совершенствовать/усовершенствовать (v.) – to improve, to perfect

современный (adj.) – contemporary, modern

спектакль (n., m.) – performance, show

ставить/поставить (v.) – to stage, to produce

старейший (adj.) – to oldest, superlative form of **старый**

стереотипный (adj.) – stereotyped

стипендиальный (adj.) – grant awarding

судьба (n.) – fate, destiny

сцена (n.) – stage, scene

С

техника (n.) – technique

Транссибирский (adj.) – Trans Siberian

труппа (n.) – ballet troupe

Т

уверен/-а/-о/-ы – sure, confident (short past participle)

У

финансировать/профинансировать (v.) – to finance

финансовый (adj.) – financial

фонд (n.) – fund, foundation

фрагменты (n.) – segment

Ф

хореография (n.) – choreography

хотя (conj.) – although (no relation to the verb **хотеть**)

Х

частичный (adj.) – partial

Ч

языковые навыки (exp.) – language skills

Я

EPILOGUE. ЧЕГО ДОБИЛАСЬ РОССИЯ В XXI ВЕКЕ?

Тема 1. Достижения

Вопросы к теме

Тема 2. Проблемы

Часть 1. Какое место занимает Россия в мировых рейтингах?

Вопросы к теме

Часть 2. Чем гордится и чего боится российский народ?

Вопросы к теме

Для информации. Что удалось и не удалось сделать Владимиру Путину за годы пребывания у власти

ТЕМА 1. ДОСТИЖЕНИЯ

Россия занимает 2-3-е место в мире по экспорту зерна

Кампания[1] по выборам президента России вызвала[2] в интернете бурные споры[3] по поводу[4] прошлого и настоящего России.

Вот что, например, написала пользователь[5] Таня Четверикова на одном из сетевых ресурсов[6]:

- за 17 лет бюджет[7] России увеличен[8] в 16 раз, военные расходы[9] – в 30 раз, ВВП – в 2 раза (Россия перепрыгнула[10] с 36-го места в мире по уровню ВВП[11] на 6-е место);
- минимизированы[12] внешние[13] долги[14], в т. ч.[15] МВФ[16], что не только освободило[17] Россию от уплаты огромных процентов[18] по долгу, но и не даёт инвестиционным агентствам бесконечно[19] понижать[20] кредитный рейтинг РФ;
- золотовалютные[21] резервы выросли в 36 раз;
- введён налог[22] на добычу[23] полезных ископаемых[24] (НДПИ), после чего бюджет страны стал неуклонно[25] расти;

1. campaign
2. generated
3. intense debates
4. regarding
5. Internet user
6. social media resources
7. budget
8. increased
9. expenses
10. jumped
11. GDP
12. minimized
13. foreign
14. debts
15. including
16. International Monetary Fund (IMF)
17. freed from
18. interest rate
19. endlessly
20. to lower
21. gold reserves
22. tax
23. extraction, mining
24. minimum resources
25. steadily

- 256 месторождений[26] полезных ископаемых возвращены под российскую юрисдикцию (осталось вернуть 3);
- национализировано 65% нефтяной и 95% газовой промышленности, ряд предприятий в других отраслях;
- поднялись промышленность и сельское хозяйство (Россия уже 5 лет занимает 2-3-е место в мире по экспорту зерна[27], обогнав[28] США, которые сейчас на 4-м месте);
- резко возросли объёмы жилищного строительства[29];
- средние зарплаты[30] в бюджетной сфере за 12 лет выросли в 18,5 раза, а средние пенсии[31] – в 14 раз;
- продолжительность жизнь в РФ достигла[33] исторического максимума, превысив[34] 72 года (в 2000 г. была 65,5 года);
- выросла автомобилизация[35] населения РФ – со 132 машин на 1000 жителей в 2000 г. до 293 в 2016 г.;
- заметно снизилось[36] число заключённых[37], – лишь за последние 10 лет их стало меньше на 30% (233 тыс. человек);
- прекращена война в Чечне. Снизилась угроза[38] целостности[39] России;
- устранено[40] влияние[41] Запада на многие внутриполитические процессы в России;
- чиновникам и депутатам запрещено[42] иметь счета[43] за границей;
- практически исчезла дедовщина[44] в армии, восстановлена[45] мощь Вооружённых сил РФ, сегодня они оснащены[46] самым современным вооружением[47] и военной техникой;
- России удалось[48] отстоять[49] свои интересы в Сирии.

26. mineral deposits
27. grain
28. bypassing
29. residential construction
30. average wages
31. average pensions
32. lifespan
33. reached
34. exceeding
35. car ownership
36. has run down
37. prisoners
38. threat
39. integrity
40. was eliminated
41. influence
42. are prohibited
43. bank accounts
44. hazing
45. reinstated
46. are equipped
47. weapons
48. managed
49. to defend

Вопросы к теме

1. Какие экономические достижения России в 21 веке, по мнению автора?

2. О каких социальных достижениях России пишет автор?

3. Какие политические успехи РФ отмечает автор?

4. Что автор говорит об изменениях в российской армии?

ТЕМА 2. ПРОБЛЕМЫ

Авиакатастрофа

Часть 1. Какое место занимает Россия в мировых рейтингах?

1-е место

- по количеству курящих подростков[1] и по употреблению табака[2] на душу[3] населения; ежегодно от болезней, вызванных[4] курением, умирает до 500 тыс. россиян;
- по числу смертей от сердечно-сосудистых[5] заболеваний;
- по количеству онкологических[6] больных на душу населения (70% больных из-за поздней диагностики погибают в первый год после обнаружения[7] заболевания);
- по числу самоубийств[8] подростков среди стран Европы (из каждых 100 тыс. российских подростков 3-5 мальчиков и 8 девочек кончают жизнь самоубийством);
- по числу детей-сирот[9] (из 40 млн детей более 700 тыс. сироты);
- по количеству авиакатастроф[10] (в РФ аварии[11] самолётов случаются в 13 раз чаще, чем в остальных странах мира);

1. teenagers
2. tobacco consumption
3. per capita
4. caused by
5. cardiovascular
6. cancer-related
7. detention
8. suicides
9. orphans
10. air crashes
11. accidents

2-е место

- по производству подделок[12] (больше контрафакта производит только Китай, который сбывает его в основном в Россию);
- по уровню бюрократии, затрудняющей работу бизнеса;

101-е место

- по эффективности работы правительства;

105-е место

- по продолжительности жизни[13] (в среднем россияне живут около 67 лет, причём мужчины сильно отстают от[14] женщин, едва[15] доживая до 60 лет).

12. counterfeits
13. lifespan
14. lag behind
15. hardly

Вопросы к теме

1. Какие проблемы стоят перед Россией в области здравоохранения (healthcare)?

2. Какие социально-экономические проблемы должна решить РФ в 21 веке?

Часть 2. Чем гордится и чего боится российский народ?

Россияне гордятся историей своей страны (painting by Kivshenko)

Самооценка[1] жителей России за последние два десятилетия выросла в пять раз. По свидетельству[2] «Левада-центра», 82% граждан РФ считают, что «русские – великий народ, имеющий особое значение[3] в мировой истории». Оказывается, для жителей России источником[4] гордости,[5] как правило,[6] является не настоящее, а прошлое – история народа и страны, её великая культура. И неудивительно[7], что нынешнее[8] состояние народной жизни, несмотря на[9] рапорты о росте величия[10], не назовёшь лёгким.

Среди проблем, которые более всего тревожат[11] людей, – бедность[12], низкие зарплаты, рост цен, безработица[13], коррупция, растущие цены на воду, тепло и электричество.

Представление о величии заметно[14] меняется в зависимости от места жительства. В Москве и Санкт-Петербурге, например, гордости больше, чем в малых городах, а тем более в вымирающих[15] сёлах.

Когда слышишь оценки[16] состояния России со стороны политиков и депутатов и сравниваешь[17] их с тем, о чём говорят люди на автобусных остановках, возникает[18] странное ощущение[19]: жизнь как бы стала лучше, а жить становится тяжелее.

1. self-evaluation
2. according to the data
3. significance
4. source
5. pride
6. as a rule
7. no wonder
8. current
9. despite
10. grandeur
11. cause concern
12. poverty
13. unemployment
14. significantly
15. on the brink of extinction
16. assessments
17. when comparing
18. appears
19. sentiment, feeling

Вопросы к теме

1. Как изменилась самооценка жителей России за последние годы?

2. Что является источником гордости для россиян, по мнению автора?

3. Какие проблемы больше всего тревожат жителей РФ?

4. Как Вы понимаете фразу автора статьи: «Жизнь как бы стала лучше, а жить становится труднее»?

Для информации. Что удалось и не удалось сделать Владимиру Путину за годы пребывания у власти

УДАЛОСЬ СДЕЛАТЬ		НЕ УДАЛОСЬ СДЕЛАТЬ	
47	Вернуть России статус великой уважаемой державы	Обеспечить справедливое распределение доходов в интересах простых людей	45
38	Стабилизировать обстановку на Северном Кавказе	Вернуть простым людям средства, которые были утеряны в ходе реформ	39
27	Преодолеть сепаратистские настроения, удержать Россию от распада	Повысить зарплаты, пенсии, стипендии и пособия	32
24	Повысить зарплаты, пенсии, стипендии и пособия	Преодолеть кризис в экономике страны, остановить спад производства	27
22	Удержать Россию на пути реформ	Обеспечить укрепление закона и порядка	23
18	Справиться с последствиями кризиса 2008 г.	Продолжить реформы, но с бОльшим вниманием к социальной защите населения	15
18	Обеспечить укрепление закона и порядка	Обеспечить сближение между странами СНГ	15
18	Обеспечить сближение между странами СНГ	Справиться с последствиями кризиса 2008 г.	14
14	Преодолеть кризис в экономике страны, остановить спад производства	Вернуть России статус великой уважаемой державы	11
12	Продолжить реформы, но с бОльшим вниманием к социальной защите населения	Удержать Россию на пути реформ	7

RUSSIAN-ENGLISH GLOSSARY

А

автомат (n.) – machine gun

авторитет (n.) – authority

адаптировать + dat. (v., imp.) – to adjust

ассимилировать (v., imp.) – to assimilate

аудитория (n.) – members of the audience

Б

багажник (n.) – trunk (of the car)

база данных по + dat. (exp.) – database on

бандит (n.) – a violent criminal

бандитский (adj.) – related to violent crime

банкнота (n.) – banknote

бедность (n., f.) – poverty

беженец (n.) – a male refugee

безвизовики (exp. slang) – foreign nationals not requiring a Russian visa to enter the country

богатство (n.) – wealth

боеприпасы – ammunition

болт (n.) – bolt

большинство (n.) – majority

бомба (n.) – bomb

брак (n.) – marriage

бывать/побывать (v.) + prep. – to visit (a place)

бывший (adj.) – former

бытовая жизнь (exp.) – everyday life, daily routine

ваххабит (n.) – Wahhabi

венчаться/обвенчаться (v.) – to have a church wedding

венский (adj.) – Viennese

вербовать/завербовать (v.) – to recruit

верить/поверить в + acc (v.) – to believe in smth/smb

верность (n. f.) – loyalty, fidelity

версия (n.) – version

верующий (adjectival noun) – believer

вести/провести переговоры (exp.) – to conduct negotiations

вёл – past tense of **вести** (v., imf.) – to conduct, to lead

взаимопонимание (n.) – mutual understanding

взрыв (n.) – explosion, blast

взрывное устройство (exp.) – explosive device

витрина (n.) – shop window

включать/включить (v.) – to include

власть (n. f.) – power

влиять/повлиять + **на** + acc (v.) – to influence, to impact

внедорожник (n.) – off-road vehicle

водяной знак (exp.) – watermark

воевать (v., impf.) – to fight (in the war)

возможность (n.) – possibilities

возобновляться/возобновиться (v.) – to resume

волна (n.) – wave

воображение (n.) – imagination

воскресная школа (exp.) – Sunday School

восполнять/восполнить (v.) – to compensate for

В

впечатление (n.) – impression

въезд (n.) – entry

вымогательство (n.) – extortion

Г

гайка (n.) – nut

гастроли (n., always in plural) – concert tour

где-то (exp.) – somewhere

главарь (n., m.) – ring-leader

городской (adj.) – urban, municipal

Государственный Кремлёвский дворец (n.) – The State Kremlin Palace, a famous concert hall situated on the Kremlin grounds

гражданский (adj.) – civilian

Д

давление (n.) – pressure

дальше (adv.) – further (irregular comparative of **далеко**)

по данным (exp.) – according to the data

дворец (n.) – palace

действующие лица (exp.) – characters (in a book, film, etc.)

дипломатия (n.) – diplomacy

дистанционно (adv.) – remotely

до сих пор (exp.) – still

доказывать/доказать (v.) – to prove

достопримечательность (n.) – landmark, place for sightseeing

душный (adj.) – stuffy

Е

евро (n., m.) – euro (non-declinable)

ежемесячно (adv.) – monthly

З

задержанный (n.) – a detainee/someone in custody

задерживать/задержать (v.) – to detain, to arrest

заканчивать(-ся)/закончить(-ся) (v.) – to finish, to end up with

(**не**)**законный** (adj.) – (il)legal

законодательство (n.). – legislation

законспирированный (adj.) – clandestine, disguised

заметно (adv.) – noticeably

заправка (n.) – gas station

запрос (n.) – inquiry

зарплата (n.) – salary

защитный (adj.) – protective

заявлять/заявить (v.) – to state, to declare

звезда (n.) – star

знакомить/познакомить (v.) с + instr. – to familiarize with

зритель (n.) – spectator, audience member

Ж

житель/-ница (n.) – resident (m/f)

И

ИГ = **«Исламское государство»** (n.) – Islamic State

известность (f. n.) – fame

изготовлять/изготовить (v.) – to produce, to manufacture

из-за + gen. (exp.) – because of, due to

изнасилование (n.) – a rape

изобретатель (n.) – inventor

изъять (v., perf.) – to confiscate, to seize

имени + gen. (exp.) – named after

И

иметь (v., impf.) – to have (used only in very formal contexts)

имеющих – having (present active participle of **иметь**, a formal usage of "to have")

иммиграция (n.) – immigration

интеллектуал (n.) – an intellectual

интерпретация (n.) – (artistic) interpretation

исповедовать (v., imf.) – to profess, to practice

исполнение (n.) – fulfillment/implementation

исполнитель (n.) – executor, performer

исполнять/исполнить (v.) – to perform

К

кадр (n.) – footage

квалифицированный (adj.) – qualified, skilled

кинофестиваль (n., m.) – film festival

князь (n.) – prince

комбинировать (v., imp.) – to combine

композитор (n.) – composer

конкуренция (n.) – competition

конфисковывать/конфисковать (v.) – to confiscate

копить/накопить (v.) – to save (money)

корень (n. m.) – root

коррупционный (adj.) – corruption-related

корень (n., m.) – root

кремлёвский (adj.) – Kremlin-related

крестить/окрестить (v.) – to baptize, to christen

критиковать (imp. v.) – to criticize

кроме того (exp.) – besides

крупный (adj.) – big, huge

купюра (n.) – banknote

курировать (v., imp.) – to be in charge, to coordinate

лагерь (n. m.) – a (military) camp

легендарный (adj.) – legendary

летний (adj.) – summer-related

личность (n.) – personality

личный (adj.) – personal

любительский (adj.) – amateur, unprofessional

масштабный (adj.) – large scale

МВД (**Министерство внутренних дел**) – Ministry of Internal Affairs

меньшинство (n.) – minority

мечеть (n. f.) – mosque

мероприятие (n.) – measure

миграция (n.) – migration

мнение (n.) – opinion

многонациональный (adj.) – multinational

многочисленные (adj. pl.) – numerous, multiple

мощный (adj.) – powerful

мусульманский (adj.) – Muslim

Н

навыки (n., pl.) – skills

так называемый (exp.) – to be so called

наиболее (adj.) – the most

наконец (exp.) – finally

народный (adj.) – people's (adjectival derivative of **народ**)

нарушение (n.) – violation

населённый пункт (exp.) – residential area (used in formal contexts)

настоящее (n.) – the present

находящийся – is being (present active participle of **находиться**)

начинённый (adj.) – filled with

в некоторых случаях (exp.) – in some cases

необходимо + inf. (adv.) – (It is) necessary to

несмотря на + acc. (exp.) – despite, inspite of

нехватка + gen. (n.) – a shortage

низкооплачиваемый (adj.) – lowly paid

О

обеспечен (adj.) – taken care of, provided for (short adjective of **обеспеченный**)

обеспечивать/обеспечить (v.) – to provide, to ensure

обнаружен/-а/-о/-ы – is/are detected

образованный (adj.) – educated

обращать/обратить в + acc. (v.) – to convert somebody to a religion

обучение (n.) – training

обыск (n.) – search (in legal context)

ограничивать/ограничить (v.) – to limit, to restrict

в огромной степени (exp.) – to a large extent

одноклассник (n.) – a (male) classmate from grade school

оказываться/оказаться (v.) – to turn out to be

описывать/описать (v.) – to describe

оплачивать/оплатить (v.) – to pay (in full)

опрос (n.) – questioning, survey

основа (n.) – foundation

на основании + gen. (exp.) – on the basis of, based on

особый (adj.) – special

отделять/отделить (v.) – to separate

отмечать/отметить (v.) – to note

отнимать/отнять (v.) – to take away

отъезжать/отъехать (v.) – to drive away

охватывать/охватить (v.) – to cover

охранник (n.) – security guard

память (n. f.) – memory

Пасха (n.) – Easter

Патриарх (n.) – Patriarch (the Head of the Russian Orthodox Church)

патрон (n.) – bullet

переговоры (n., pl.) – negotiations

передавать/передать (v.) – to convey

перепись (n., f.) – census

переправка (n.) – transporting, smuggling

перехват (n.) – interception

печатать/напечатать (v.) – to print, to type

пистолет ТТ (n.) – TT pistol (a Soviet semi-automatic pistol)

планировать/запланировать (v.) – to plan, to schedule

повышать/повысить (v.) – to raise

П

погибать/погибнуть (v.) – to die (of natural causes)

под видом + gen. (exp.) – under the disguise

поддельный (adj.) – fake, forged

поддерживать/поддержать (v.) – to support

поддерживать связь (exp.) – to maintain communication, to stay in contact

поддержка (n.) – support

подготовленный (adj.) – trained (Past Passive Participle of **подготовить**)

подкидывать/подкинуть (v.) – to plant (drugs, bombs, etc.)

подобный (adj.) – similar

подозреваемый (adjectival noun) – suspect

подтверждать/подтвердить (v.) – to confirm

позднее (comp, adj.) – later (comparative form of **поздно**)

поздравлять/поздравить (v.) – to congratulate

поймать (v., perf.) – to catch

пока что (exp.) – for the time being, so far

показания (n.) – evidence, testimony (always in the plural)

показывать/показать (v.) – to show

покровитель/-ница – patron saint (m/f)

полученные сведения (exp.) – obtained (received) data

по последним данным (exp.) – according to the latest data

посольство (n.) – embassy

постоянный (adj.) – constant, regular

пострадавший (n.) – an injured person/victim

почти (adv.) – almost

поэтому (conj.) – therefore, that is why

появляться/появиться (v.) – to appear

права человека (exp.) – human rights

правоохранитель (n.) – law enforcement agent

правоохранительный (adj.) – law enforcement related

Православие (n.) – Orthodoxy

Православный (adj.) – Orthodox

праздник (n.) – holiday

представитель (n.) – representative

представление (n.) – idea, concept

как правило (exp.) – as a rule

при помощи (synonym of **с помощью**) (exp.) – with the help of

преданность (n.) – loyalty

предварительный (adj.) – preliminary

предположительно (adv.) – supposedly

предприимчивый – entrepreneurial

прекращать(-ся)/прекратить(-ся) (v.) – to stop, to cease

прибывших – who arrived (past active participle of **прибыть**)

приводить/привести в действие (exp.) – to activate

признаваться/признаться (v.) – to confess, to plead guilty

признательные показания (exp.) – confessional testimony (pleading guilty)

примерно (adv.) – nearly, approximately

принадлежать + dat. (v., impf.) – to belong

принимать/принять участие (exp.) – to take part

принявших = **которые приняли** – who adopted (past active participle of **принять**)

принятие (n.) – acceptance, adoption (of a religion)

приоритет (n.) – priority

П

при этом (exp.) – at the same time

проверка (n.) – verification, check

проводить/провести (v.) – to conduct/to carry out

продолжать/продолжить (v.) – to continue

произвол (n.) – unlimited power of a superior authority

происхождение (n.) – origin

пропагандистский (adj.) – propagandistic, biased

простой (adj.) – ordinary, simple

проходить/пройти (v.) – to take place

процедура (n.) – procedure

прошлое (n.) – past

побег (n.) – escape, defection

пожинать плоды (exp.) to reap the fruit

в поисках + gen. (exp.) – in search of

получившая – who had received (past active participle of **получить**)

постоянное жительство (exp.) – permanent residency

путь (n. m.) – pathway, gateway

пытаться/попытаться (v.) – to try

Р

различные (adj.) – various (typically used in the plural)

разрешение на работу (exp.) – work permit

разрушать/разрушить (v.) – to destroy, to break

разрядка (n.) – détente

раскрывать/раскрыть (n.) – to disclose, to detect, to solve

раскрытие (n.) – solving (crime, etc.)

распространение (n.) – spreading, proliferation

распространённый (adj.) – widespread

распространять/распространить (v.) – to spread, to circulate

рассматривается (exp.) – under consideration (Present Passive Progressive of **рассматриваться**)

расширять/расширить (v.) – to expand, to widen

редакция (n.) – a stage version

редкий (adj.) – rare

режиссёр (n.) – artistic director/producer

резиденция (n.) – residence

религия (n.) – religion

реструктуризация (n.) – restructuring

реформа (n.) – reform

Рождество (n.) – Christmas

С Рождеством Христовым (exp.) – Merry Christmas

в розыске (exp.) – in search of/on police "Wanted" list

руководитель (n., m.) – leader

русскоязычный (adj.) – Russian speaking

рынок труда (exp.) – labor market

самодельный (adj.) – self-made, improvised, homemade

сантехника (n.) – plumbing equipment

сведения (n.) – information, data (typically used in the plural)

связан/-а/-о/-ы + instr (exp.) – connected/linked to…

святой/-ая/-ые (n.) – saint (m/f/pl)

сдавать/сдать экзамен (exp.) – to take, to pass an exam

сеть (n, f.) – network

С

скрывать(-ся)/скрыть(-ся) (v.) – to hide

скудный (adj.) – meager

следовать/последовать (v.) – to follow

сложность (n., f.) – complexity

славянин/славянка (n.) – Slav (m/f)

СМИ (**средства массовой информации**) (exp.) – social media

способный (adj.) – capable

собор (n.) – cathedral

совершать/совершить (v.) – to accomplish

совершённое – committed, past participle of **совершить/совершать** (v.) – to commit

совершенствовать/усовершенствовать (v.) – to improve, to perfect

советская власть (exp.) – Soviet power

совместный (adj.) – joint

современный (adj.) – contemporary, modem

согласно + dat. (exp.) – according to

создавать(-ся)/создать(-ся) (v.) – to create (to be created)

сообщать/сообщить – to inform

сообщество (n.) – community, organization

сообщник (n.) – accomplice

состоять + **в** + prep, (exp.) – to be a member of an organization

состоять + **из** + gen. (exp.) – to consist of

срабатывать/сработать (v.) – to go off (in reference to technical devices)

сразу (adv.) – at once, simultaneously

средний (adj.) – average, midsize

по соседству (exp.) – in the same neighborhood

С

состояние (n.) – a (financial) fortune

спектакль (n., m.) – performance, show

стабилизироваться (v., imp.) – to become stable

ставить/поставить (v.) – to stage, to produce

ставший – who became (past active participle of **стать**)

становиться/стать (v.) – to become

старейший (adj.) – to oldest, superlative form of **старый**

стереотипный (adj.) – stereotyped

стипендиальный (adj.) – grant awarding

столько же (exp.) – the same number

строгий (adj.) – strict

строить/построить (v.) – to build

судимые лица (exp.) – people with a criminal record

судьба (n.) – fate, destiny

супружеский (adj.) – conjugal

существование (n.) – existence

существовать (v., imp.) – to exist

схема (n.) – scheme

сцена (n.) – stage, scene

съёмная квартира (n.) – rented apartment

Т

так или иначе (exp.) – in one way or another

таким образом (exp.) – by doing so

таксист (n.) – cab driver

танцор (n.) – (male) ballet dancer

твёрдый (adj.) – firm, tough

Т

творческий (adj.) – creative

терроризм (n.) – terrorism

техника (n.) – technique

толпа (n.) – crowd

торговый центр (n.) – commercial center

Транссибирский (adj.) – Trans Siberian

тротиловый (adj.) – TNT

трудовой мигрант (exp.) – labor migrant

(не)трудоспособный (adj.) – (un)able to work

труппа (n.) – ballet troupe

тысячелетие (n.) – millennium

У

убивать/убить (v.) – to kill, to murder

убийство (n.) – a murder

уверен (adj.) – confident, sure (short form of **уверенный**)

уголовное преступление (exp.) – criminal offense

ужесточение (n.) – increasing severity

узкий (adj.) – narrow

указывать/указать (v.) **на** + acc. – to point to, to indicate

уровень (n., m.) – level

усилие (n.) – effort

устанавливать/установить (v.) – to verify, to establish

установление личности (exp.) – personal verification

устройство (n.) – device, gadget

участвовать (v., imp) – to participate

фальшивомонетчик (n.) – counterfeiter

фальшивый (adj.) – false, fake

финансирование (n.) – financing

финансировать/профинансировать (v.) – to finance

финансовый (adj.) – financial

фонд (n.) – fund, foundation

формирование (n.) – entity, formation

ФРГ (**Федеративная республика Германии**) – German Federal Republic

фрагменты (n.) – segment

ФСБ (n.) – **Федеральная служба безопасности** – Federal Security Service

в ходе + gen. (exp.) – during, in the course of

хореография (n.) – choreography

хотя (adv.) – although

храм (n.) – temple

художественный директор (exp.) – artistic director

цена (n.) – price, digit

цензура (n.) – censorship

в целом (exp.) – on the whole, in general

церковь (n. f.) – church

цивилизованный (adj.) – civilized

цифра (n.) – number

Ч

частичный (adj.) – partial

число (n.) – quantity (synonym of **количество**)

ЧП = **Чрезвычайное положение** (exp.) – emergency situation

Ш

шоссе (n.) – highway

Э

экономить/сэкономить (v.) – to economize

электричка (n.) – commuter train

элита (n.) – elite

эмиграция (n.) – emigration

эпоха (n.) – epoch (a period of time)

Ю

Юлианский календарь (exp.) – Julian calendar (Old Church calendar)

Я

является/являются (exp.) – is/are (formal use only)

языковые навыки (exp.) – language skills

яснее (adv.) – clearer (comparative of **ясный**)

Geographic names

Башкортостан (traditionally called **Башкирия**) (n.) – Bashkortostan

Ближний восток (n.) – Middle East

Германия (n.) – Germany

Дагестан (n.) – Dagestan

Евросоюз (n.) = **Европейский Союз** – European Union

Кавказ (n.) – Caucasus region

Калмыкия – Kalmykia, a federal republic of Russia

Киргизстан (n.) – Kyrgyzstan

Поволжье (n.) – the Volga region

Северный Кавказ (n.) – Northern Caucasus

СНГ – **Содружество Независимых Государств** – Commonwealth of Independent States

Таджикистан (n.) – Tajikistan

Татарстан (n.) – Tatarstan

Турция (n.) – Turkey

Центральная Азия (n.) – Central Asia

Чечня (n.) – Chechnya

ENGLISH-RUSSIAN GLOSSARY

A

(un)able to work (adj.) – (не)трудоспособный

acceptance (**of a religion**) (n.) – принятие

accomplice (n.) – сообщник

to accomplish (v.) – совершать/совершить

according to (exp.) – согласно + dat.

according to the data (exp.) – по данным

to activate (exp.) – приводить/привести в действие

to adjust (v.) – адаптировать (imp.) + dat.

who adopted (exp.) – принявших (past active participle of принять)

almost (adv.) – почти

although (adv.) – хотя

amateur (adj.) – любительский

ammunition (n.) – боеприпасы (always in the plural)

to appear (v.) – появляться/появиться

approximately (adv.) – примерно

to arrest (v.) – задерживать/задержать

artistic director (exp.) – художественный директор

as a rule (exp.) – как правило

to assimilate (v.) – ассимилировать (imp.)

at once (adv.) – сразу

at the same time (exp.) – при этом

authority (n.) – авторитет

average (adj.) – средний

ballet dancer (n.) – танцор (m.)

banknote (n.) – банкнота, купюра

to baptize (v.) – крестить/окрестить

to become (v.) – становиться/стать

to become stable (v.) – стабилизироваться (imp.)

to believe in smt/smb (v.) – верить/поверить в + acc.

believer (n.) – верующий

to belong (v.) – принадлежать (impf.) + dat.

besides (exp.) – кроме того

bolt (n.) – болт

bomb (n.) – бомба

to break (v.) – разрушать/разрушить

to build (v.) – строить/построить

bullet (n.) – патрон

by doing so (exp.) – таким образом

cab driver (n.) – таксист (military)

camp (n.) – лагерь (m.)

capable (adj.) – способный

cathedral (n.) – собор

to catch (v.) – поймать/ловить

censorship (n.) – цензура

census (n.) – перепись (f.)

characters (in a book, film, etc.) (exp.) – действующие лица

Christmas (n.) – Рождество

church (n.) – церковь (f.)

C

civilian (adj.) – гражданский

civilized (adj.) – цивилизованный

to combine (v.) – комбинировать (imp.)

commercial center (n.) – торговый центр

committed – совершённое (past participle of совершить/совершать – to commit)

community (n.) – сообщество

commuter train (n.) – электричка

to compensate for (v.) – восполнять/восполнить

competition (n.) – конкуренция

complexity (n.) – сложность (f.)

composer (n.) – композитор

concert (n.) – гастроли (always in plural)

concept (n.) – представление

to conduct (v.) – вести (v., imf.) (past tense – вёл)

to conduct negotiations (exp.) – вести/провести переговоры

confessional testimony (exp.) – признательные показания

confident (adj.) – уверен (short form of уверенный)

to confirm (v.) – подтверждать/подтвердить

to confiscate (v.) – конфисковывать/конфисковать

to congratulate (v.) – поздравлять/поздравить

conjugal (adj.) – супружеский

connected to (exp.) – связан + instr

constant (adj.) – постоянный

to continue (v.) – продолжать/продолжить

to convert somebody to a religion (v.) – обращать/обратить в + acc.

to convey (v.) – передавать/передать

C

to coordinate (v.) – курировать (imp.)

corruption-related (adj.) – коррупционный

counterfeiter (n.) – фальшивомонетчик

to cover (v.) – охватывать/охватить

to create (v.) – создавать(-ся)/создать(-ся)

creative (adj.) – творческий

criminal offense (exp.) – уголовное преступление

to criticize (v.) – критиковать (v.)

crowd (n.) – толпа

D

data (n.) -сведения (typically used in the plural)

database on (exp.) – база данных по + dat.

to declare (v.) – заявлять/заявить

defection (n.) – побег

despite (exp.) – несмотря на + асе.

to describe (v.) – описывать/описать

a detainee (**someone in custody**) (n.) – задержанный

to detect (v.) – обнаруживать/обнаружить

détente (n.) – разрядка

device (n.) – устройство

to die (**of natural causes**) (v.) – умирать/умереть

to die (**of unnatural causes**) (v.) – погибать/погибнуть

diplomacy (n.) – дипломатия

disguised (adj.) – законспирированный

to drive away (v.) – отъезжать/отъехать

due to (exp.) – из-за + gen.

during (exp.) – в ходе + gen.

E

Easter (n.) – Пасха

to economize (v.) – экономить/сэкономить

educated (adj.) – образованный

effort (n.) – усилие

elite (n.) – элита

embassy (n.) – посольство

emergency situation (exp.) – чрезвычайное положение (ЧП)

emigration (n.) – эмиграция

entrepreneurial (adj.) – предприимчивый

entry (n.) – въезд

epoch (**a period of time**) (n.) – эпоха

euro (n.) – евро (m., non-declinable)

everyday life (exp.) – бытовая жизнь

evidence (n.) – показания (always in the plural)

to exist (v.) – существовать (imp.)

existence (n.) – существование

to expand (v.) – расширять/расширить

explosion (n.) – взрыв

explosive device (n.) – взрывное устройство

extortion (n.) – вымогательство

F

fake (adj.) – поддельный

false (adj.) – фальшивый

fame (n.) – известность (f.)

to familiarize with (v.) – знакомить/познакомить с + instr.

Federal Security Service (n.) – Федеральная служба безопасности (ФСБ)

F

to fight (in the war) (v.) – воевать (impf.)

filled with (adj.) – начинённый

film festival (n.) – кинофестиваль (m.)

finally (exp.) – наконец

financing (n.) – финансирование

to finish (v.) – заканчивать(-ся)/закончить(-ся)

firm (adj.) – твёрдый

to follow (v.) – следовать/последовать

footage (n.) – кадр

for the time being (exp.) – пока что

formation (n.) – формирование

former (adj.) – бывший

a (financial) fortune (n.) – состояние

foundation (n.) – основа

further (adv.) – дальше (irregular comparative of далеко)

G

gas station (n.) – заправка

German Federal Republic – Федеративная республика Германии (ФРГ)

to go off (in reference to technical devices) (v.) – срабатывать/сработать

H

to have (v.) – иметь (impf.) (used only in very formal contexts)

to have a church wedding (exp.) – венчаться/обвенчаться

to hide (v.) – скрывать(-ся)/скрыть(-ся)

highway (n.) – шоссе

holiday (n.) – праздник

homemade (adj.) – самодельный

H

huge (adj.) – крупный

human rights (exp.) – права человека

I

immigration (n.) – иммиграция

impression (n.) – впечатление

in one way or another (exp.) – так или иначе

in some cases (exp.) – в некоторых случаях

increasing severity (n.) – ужесточение

to indicate to (v.) – указывать/указать на + acc.

implementation (n.) – исполнение

to influence (v.) – влиять/повлиять + на + acc.

to inform (v.) – сообщать/сообщить

an injured person/victim (n.) – пострадавший

inquiry (n.) – запрос

intellectual (n.) – интеллектуал

interception (n.) – перехват

inventor (n.) – изобретатель

Islamic State (n.) – «Исламское государство» (ИГ)

J

joint (adj.) – совместный

Julian calendar (**Old Church calendar**) (exp.) – Юлианский календарь

K

to kill (v.) – убивать/убить

L

labor market (exp.) – рынок труда

labor migrant (exp.) – трудовой мигрант

L

large scale (adj.) – масштабный

later (adj.) – позднее (comparative form of поздно)

law enforcement agent (n.) – правоохранитель

leader (n.) – руководитель (m.)

(il)legal (adj.) – (не)законный

legislation (n.) – законодательство

level (n.) – уровень (m.)

to limit (v.) – ограничивать/ограничить

lowly paid (adj.) – низкооплачиваемый

loyalty (n.) – преданность

machine gun (n.) – автомат

to maintain communication (exp.) – поддерживать связь

majority (n.) – большинство

a (male) classmate from grade school (n.) – одноклассник

a male refugee (n.) – беженец

to manufacture (v.) – изготовлять/изготовить

marriage (n.) – брак

meager (adj.) – скудный

measure (n.) – мероприятие

to be a member of an organization (exp.) – состоять + в + prep,

members of the audience (n.) – аудитория/зрители

memory (n.) – память (f.)

Merry Christmas! (exp.) – С Рождеством Христовым!

migration (n.) – миграция

millennium (n.) – тысячелетие

M

Ministry of Internal Affairs (n.) – Министерство внутренних дел (МВД)

minority (n.) – меньшинство

modem (adj.) – современный

monthly (adv.) – ежемесячно

mosque (n.) – мечеть (f.)

the most (adj.) – наиболее

multinational (adj.) – многонациональный

murder (n.) – убийство

Muslim (adj.) – мусульманский

mutual understanding (n.) – взаимопонимание

N

narrow (adj.) – узкий

to be necessary (adv.) – необходимо + inf.

negotiations (n.) – переговоры (pl.)

network (n.) – сеть (f.)

noticeably (adv.) – заметно

to note (v.) – отмечать/отметить

number (n.) – цифра

nut (in machinery) (n.) – гайка

O

obtained data (exp.) – полученные сведения

off-road vehicle (n.) – внедорожник

on the basis of (exp.) – на основании + gen.

on the whole (exp.) – в целом

opinion (n.) – мнение

ordinary (adj.) – простой

origin (n.) – происхождение

Orthodox (adj.) – православный

Orthodoxy (n.) – православие

partial (adj.) – частичный

to participate (v.) – участвовать (imp.)

(the) past (n.) – прошлое

pathway (n.) – путь (m.)

Patriarch (n.) – Патриарх (the Head of the Russian Orthodox Church)

patron saint (n.) – покровитель/-ница (m/f)

people's (adj.) – народный (adjectival derivative of народ)

performer (n.) – исполнитель

permanent residency (exp.) – постоянное жительство

personal verification (exp.) – установление личности

personal (adj.) – личный

personality (n.) – личность

to plan (v.) – планировать/запланировать

to plant (v.) – (drugs, bombs, etc.) подкидывать/подкинуть

to plead guilty (v.) – признаваться/признаться

plumbing equipment (n.) – сантехника

possibilities (n.) – возможность

poverty (n.) – бедность (f.)

power (n.) – власть (f.)

powerful (adj.) – мощный

preliminary (adj.) – предварительный

the present (n.) – настоящее

pressure (n.) – давление

price (n.) – цена

P

prince (n.) – князь

to print (v.) – печатать/напечатать

priority (n.) – приоритет

procedure (n.) – процедура

producer (n.) – режиссёр

to profess (v.) – исповедовать (imf.)

propagandistic (adj.) – пропагандистский

protective (adj.) – защитный

to prove (v.) – доказывать/доказать

to provide (v.) – обеспечивать/обеспечить

Q

qualified (adj.) – квалифицированный

quantity (n.) – число (synonym of количество)

R

to raise (v.) – повышать/повысить

rare (adj.) – редкий

reform (n.) – реформа

religion (n.) – религия

rented apartment (n.) – съёмная квартира

representative (n.) – представитель

residence (n.) – резиденция

residential area (exp.) – населённый пункт (used in formal contexts)

restructuring (n.) – реструктуризация

root (n.) – корень (m.)

Russian speaking (adj.) – русскоязычный

rape (n.) – изнасилование

to reap the fruit (exp.) – пожинать плоды

to recruit (v.) – вербовать/завербовать

remotely (adv.) – дистанционно

resident (n.) – житель/-ница (m/f)

to resume (v.) – возобновляться/возобновиться

ring-leader (n.) – главарь (m.)

saint (n.) – святой/-ая/-ые (m/f/pl)

salary (n.) – зарплата

to save (**money**) (v.) – копить/накопить

scheme (n.) – схема

started by – начатых (past passive participle of начать)

stereotyped (adj.) – стереотипный

search (**in legal context**) (n.) – обыск, поиск

in search of (exp.) – в поисках + gen.

in search of/on police "Wanted" list (exp.) – в розыске

security guard (n.) – охранник

segment (n.) – фрагмент

to separate (v.) – отделять/отделить

shop window (n.) – витрина

a shortage (n.) – нехватка + gen.

to show (v.) – показывать/показать

similar (adj.) – подобный

Slav (n.) – славянин/славянка (m/f)

smuggling (n.) – переправка

the (**so called**) (exp.) – так называемый

S

social media (exp.) – средства массовой информации (СМИ)

to solve (n.) – раскрывать/раскрыть

solving (crime, etc.) (n.) – раскрытие

somewhere (exp.) – где-то

Soviet power (exp.) – советская власть

special (adj.) – особый

to spread (v.) – распространять/распространить

spreading (n.) – распространение

still (exp.) – до сих пор

strict (adj.) – строгий

to stop (v.) – прекращать(-ся)/прекратить(-ся)

stuffy (adj.) – душный

Sunday School (exp.) – воскресная школа

to support (v.) – поддерживать/поддержать

support (n.) – поддержка

supposedly (adv.) – предположительно

survey (n.) – опрос

suspect (n.) – подозреваемый

T

to take an exam (exp.) – сдавать/сдать экзамен

to take away (v.) – отнимать/отнять

taken care of (adj.) – обеспечен (short adjective of обеспеченный)

temple (n.) – храм

terrorism (n.) – терроризм

therefore (**conj**.) – поэтому

those with a criminal record (exp.) – судимые лица

T

TNT (adj.) – тротиловый

trained (adj.) – подготовленный (Past Passive Participle of подготовить)

trunk (of the car) (n.) – багажник

to try (v.) – пытаться/попытаться

TT pistol (**a Soviet semi-automatic pistol**) (n.) – пистолет ТТ

to turn out to be (v.) – оказываться/оказаться

U

under consideration (exp.) – рассматривается

under the disguise (exp.) – под видом + gen.

unlimited power of a superior authority (n.) – произвол

urban (adj.) – городской

V

various (adj.) – различные (typically used in the plural)

verification (n.) – проверка

to verify (v.) – устанавливать/установить

version (n.) – версия

violation (n.) – нарушение

a violent criminal (n.) – бандит

related to violent crime (adj.) – бандитский

W

Wahhabi (n.) – ваххабит

watermark (exp.) – водяной знак

wave (n.) – волна

wealth (n.) – богатство

widespread (adj.) – распространённый

with the help of (exp.) – при помощи + gen. (с помощью + instr.)

work permit (exp.) – разрешение на работу

Geographic names

Bashkortostan (n.) – Башкортостан (traditionally called Башкирия)

Caucasus region (n.) – Кавказ

Central Asia (n.) – Центральная Азия

Chechnya (n.) – Чечня

Commonwealth of Independent States (CIS) (n.) – Содружество Независимых Государств (СНГ)

Dagestan (n.) – Дагестан

European Union (n.) – Евросоюз = Европейский Союз

Germany (n.) – Германия

Kalmykia (n.) – Калмыкия

Kyrgyzstan (n.) – Кыргызстан

Middle East (n.) Ближний восток

Northern Caucasus (n.) – Северный Кавказ

Tajikistan (n.) – Таджикистан

Tatarstan (n.) – Татарстан

Turkey (n.) – Турция

Volga region (n.) – Поволжье

AUDIO SUPPLEMENT

Every text and chapter have associated audio files for further learning. The audio files are available for download from the following websites:

https://culmen.com/read-and-think-russian
Password: Culmen1RaTR! *or*

https://soundcloud.com/readandthinkrussian

Thank you!

We hope you have enjoyed this textbook "Read and Think Russian: An Intermediate Reader, Book Two". Please check out our other books in this series and the following volumes to be published.

- "Road to Russia, Russian Language Textbook For Beginners, North American Edition" Antonova, V., Nakabina, M., Safronova, M., and Tolstykh, A., Bessonoff, B. ISBN: 978-0-9818822-3-9
- "Read and Think Russian: An Intermediate Reader, Book One: Politics and Governance" Bessonoff, B. ISBN: 978-0-692-92932-2
- "Russian Reader in Nuclear Security" (Coming Soon!)

If you have comments, suggestions, or questions we would love to hear from you. Email us at: ReadandThinkRussian@culmen.com

LIST OF ILLUSTRATIONS

CPSIA information can be obtained
at www.ICGtesting.com
Printed in the USA
BVHW021955010819
554921BV00003B/7/P